改易と御家再興

岡崎寛徳

はじめに

那須与一資徳《すけのり》、本書の主人公である。

名もなき人物ではないが、一般にはほとんど知られていない。本書はその出生から死去に至るまでを追いかける人物史論ではなく、時系列的な資徳の動向を「縦軸」にしながら、彼を取りまく人間関係や社会情勢を「横軸」に見ていくこととする。

この「横軸」が実に面白い。資徳自身の書状等はあまり残されていないが、実父津軽信政、養父那須資弥、資弥実子福原資寛、将軍綱吉、幕府側用人柳沢吉保・松平輝貞、そして那須家・津軽家の家臣や側用人の家老などが登場し、それぞれの思惑が交錯する中で、波乱に満ちた生涯を送ることとなる。そうした人々の思惑と行動を注視しながら、近世武家社会の実態に迫ってみたい。

歴史に詳しくない人でも、「那須与一」の名を聞いたことがある人は多いかもしれない。筆者がその名を初めて見聞きしたのは、中学生の時、国語の教科書であった。「平家物語」の有名な一場面、源義経が平家追討のため西へと軍を進める中、元暦二年（一一八五）の屋島の戦いが描かれたシーンである。平氏方からの挑発を受け、軍船に掲げられた扇の的を目がけ、矢が放たれる。みごと、扇を射止め、喝采を浴びる。その弓の名手こそ、源氏方から選ばれた那須与一。今思い返せば、このシーンは筆者が歴史や古文に興味を持つことになる一つの契機でもあった。

それから約十五年、日本近世史を専攻する大学院博士後期課程の時、青森県弘前市で「那須与一」の名を再び見ることとなった。治承・寿永の内乱（源平合戦）時の那須与一宗隆（宗高・資隆）ではなく、元禄時代の「那須与一」であり、二人の時代には五百年の開きがある。

弘前市立弘前図書館に、質量ともに屈指の大名家文書「津軽家文書」が所蔵されている。その中の津軽家公式記録「弘前藩庁日記」は、寛文元年（一六六一）から慶応四年（一八六八）まで、二百年以上のものが残されており、国元で記された「国日記」と、江戸で記された「江戸日記」に分かれている。同館で元禄年間における「弘前藩庁日記」を通覧していた際、頻出する「与一様」という文字に目が奪われていった。特に元禄七・八年の「国日記」からは、「与一様」が「殿様」（弘前藩主津軽信政）と親しく、弘前で能や相撲を見物し、津軽家家臣と対面するなどの記事が散見でき、弘前藩内で高貴な存在として扱われていることを直感した。

はたして、この「与一様」はどういう人物なのか。彼は那須与一資徳であり、養子相続も御家騒動も、改易も再興も、すべて経験していたことがわかった。ところが、その動向や背景は、これまでほとんど明らかにされていない。そこで筆者は、その人生と周囲の関係や社会を解明することに取り組みはじめた。

歴史の研究において、論拠とする史料の収集・分析が基本かつ重要であることは改めて述べるまでもない。元禄時代の「那須与一」について、「弘前藩庁日記」を皮切りとして調査を始めたところ、その登場頻度は予想以上に高かった。「津軽家文書」だけでもさまざまなことが判明したが、同時に「那須家文書」も分析に必須の史料群であった。「那須与一」は津軽家から那須家に養子となった人物であるため、「津軽家文書」はその実家の史料であり、「那須家文書」には彼自身の書状や、家臣また養父の関係史料も残されている。津軽・那須両家の史料を一体的に考察し、柳沢家や近衛家の史料などを組み入れることによって、より通時的・立体的な歴史像が浮かびあがってきたのである。

さて、扱う時代は「元禄時代」である。年号としての「元禄」ではなく、前後する天和・貞享・元禄・宝永期（一六八一～一七一一）の約三十年間を主たる対象とする。それは将軍綱吉の時代とも重なる。この時代は、元禄（町人）文化に象徴されるように、きらびやかで太平の世の中という印象を持ちやすい。しかし、当時の万民がそのような生活を送っていたわけではない。生類憐れみ令に苦悩する人もいれば、赤穂事件が起きたことも知られている。陸奥国弘前藩領では飢饉が発生し、津軽家だけではなく、那須家もその影響を受けていた。

元禄時代における那須与一資徳の生涯。ほとんどなじみのない、近世中期における武家の三十年間ではあるが、そこにはあまり表に見えてこない武家社会の縮図が詰まっているかのようである。簡単に言えば、御家騒動により大名の地位を追われ、のちに旗本として再興するということなのだが、残された古文書は、歴史的事実が決して簡単・単純なものではなかったことを語りだしてくれる。

筆者は先に『近世武家社会の儀礼と交際』を著し、那須資徳を取りあげた。本書では、そこで描くことのできなかった部分を含め、かつ前後の時代にも触れることとしたい。年代等の誤りも訂正した。

取りあげる主な史料は、右に述べた弘前市立弘前図書館所蔵「津軽家文書」の「弘前藩庁日記」(「国日記」「江戸日記」)と、栃木県立博物館保管「那須隆家文書」(本年、大田原市那須与一伝承館に寄託)である。以下、それぞれ「国日記」「江戸日記」、「那須」と略記する。

目 次

はじめに

第一章 度重なる断絶の危機……3

元禄時代の那須与一 3 歴史の「その後」 6 近世初頭の那須家 8 四百年ぶりの那須与一 11

第二章 那須資弥と烏山……15

将軍家綱と増山家 15 増山正弥と下館 18 旧領復帰 21 那須資弥の烏山拝領 24

初入国と那須家家臣 28 烏山での日々 33

第三章 那須・津軽家の養子縁組……37

弘前藩津軽家 37 津軽信政と政直 40 養子縁組の辞退 44 堀田正俊宛養子願書 48

那須与一資徳に改名 52 資徳の居場所と婚約 55

第四章 那須家改易と津軽家閉門……59

家督相続 59 福原資寛の愁訴 63 幕府宛上申書 68 津軽家の閉門処分 73 弘前城の閉門 77

閉門中の諸問題 79

第五章　津軽家開門と御目見……84
赦免の期待84　謹慎生活の緩和87　津軽家開門90　国元の対応93　御目見と屋敷替97
津軽信章一件102

第六章　江戸・弘前における浪人生活……105
「御部屋」と客人105　道具と家臣109　弘前へ112　寺社参詣・花火見物・湯治115
弘前滞在の情報120　再び江戸へ124

第七章　酒井忠能と井伊直興……130
酒井忠能の彦根藩預け130　彦根での謹慎生活133　「表向」と「内証」137　赦免と御家再興140

第八章　那須家再興運動と柳沢吉保……145
御家再興145　柳沢吉保の影響力148　旧領福原の拝領153　交代寄合への昇格158
藪田重守と浅井勝之丞161　幕府上申ルート164

第九章　家宝返還運動と屋敷拝領……169
御家再興と家宝169　増山家への返還要求172　増山家の対応175　返還の実現180　屋敷拝領183
将軍吉宗の上覧186

第十章 那須家の「その後」……190
津軽家の経済援助 190 資徳・資寛の死去と妻子 193 那須資明と津軽信明 198
関係系図……203
主要参考文献……205
あとがき……209

改易と御家再興

第一章　度重なる断絶の危機

元禄時代の那須与一

那須家は近世において三度の改易処分を受け、その度ごとに御家再興を果たしている。これはあまり例のないことだろう。本書の中心は三度目を分析することにあるが、本章では三度にわたる改易と再興の概略を述べるとともに、「那須与一」という伝統的な名乗りについても検討していく。

まず、『寛政重修諸家譜』（以下『寛政譜』）を開いてみる。同書は、寛政期に幕府の指示により、諸大名・旗本が自家の系譜を提出し、幕府側で体裁を整え編纂したものである。それぞれの記述は簡単なものであるが、親子・兄弟姉妹・養子関係や官位・官職・通称なども記されており、「与一様」も津軽家の関係者として載せられている可能性があると推測した。その判断は正しく、当時の「殿様」津軽信政の息子に「与一」資徳がいたことが記されていたのである。

資徳について『寛政譜』の記事を示すと、津軽家の欄ではごく簡単に記されているだけだが、那須家の欄からは多くの重要な情報が得られる。かつては「主殿」、のちに「与一」を称したこと、「実は津軽越中守信政が三男」で、「母は増山弾正少弼正利が女」であることが判明する（「女」は娘の意）。さらに以下の記述がある。

天和三年閏五月朔日資弥が養子となり、七月十一日はじめて常憲院殿にまみえたてまつる。時に十二歳　貞享四年八月二十五日遺跡を継、九月六日父が遺物城州信国の刀、一休の墨跡を献じ、御台所に為重筆の和漢朗詠集をまいらす。十月十四日さきに養父資弥実子あるのところ資徳を養子とせしこと、曲事のいたりなりとて領知を没収せらる。然りといへども資徳幼うして、其事をわきまへざるにより、厳重の御沙汰にをよばれず、実父信政にめしあづけらる。元禄十三年五月二十日めされて寄合に列し、十四年十二月二十五日下野国那須郡のうちにをいて采地千石をたまふ。宝永五年四月五日これよりのち那須党の上座に列し、歳首を賀するのときは、太刀目録を献じて謁すべき旨仰をかうぶり、老中の支配となる。六月二十五日死す。年三十七。法名常心。妻は花房右近正矩が女。

これを補足しながら解説しよう。

天和三年（一六八三）閏五月一日、資徳は那須資弥の養子となることが幕府に認可された。当時の資徳は十二歳で、同年七月十一日には将軍綱吉（常憲院殿）への初御目見もかなった。四年後の貞享四年（一六八七）八月二十五日、養父資弥没後に那須家の家督を相続。九月六日には、資弥の遺物として城州信国作の刀と一休作の墨跡を綱吉に、為重筆の和漢朗詠集を綱吉正室（御台所）にそれぞれ献上した。

しかし、同年十月十四日、資弥に実子がありながら、資徳を養子として迎えたことはきわめて曲事であるという綱吉の決断により、那須家は領地没収となった。ただし、まだ幼かった資徳は資弥実子の件を知るよしもなかったこととして、厳重処分とはならず、実父である津軽信政に預けの身となったのである。

それから十三年、綱吉の命によって、元禄十三年（一七〇〇）五月二十日に那須家は寄合に列することとなり、旗本としての御家再興が成就した。翌十四年十二月二十五日には旧領である下野国那須郡内に一〇〇〇石を与えられている。さらに、宝永五年（一七〇八）四月五日、以後の那須家は那須党上座に列して、年賀には太刀目録を献上して将軍の御目見を得ることが命じられ、老中支配に属する交代寄合の一員となった。

そして、そのわずか二ヶ月後の六月二十五日、資徳は死去する。享年三十七歳、法名は常心。花房右近正矩《まさのり》の娘を妻とした。

つまり、元禄年間当時、資徳は浪人の身で、実父津軽信政に預けられていたことになる。しかし、罪人扱いかというと、「国日記」元禄七・八年分からはそうした印象をあまり受けなかった。さらに、元禄七年以前や八年以降、資徳は津軽家「江戸日記」にしばしば登場する。前述したとおり、「江戸日記」は江戸で書かれたもので、それは江戸の津軽家上屋敷を意味している。浪人身分でありながら、資徳は津軽家上屋敷、弘前城下、再び津軽家上屋敷と移動していたことになる。

改易処分となった資徳は、一体どこで何をしていたのか。そしてどのような経緯で御家再興となったのだろうか。

歴史の「その後」

筆者は、歴史的事件・事物や人物に関する「その後の歴史」に関心を持っている。たとえば、治承・寿永の内乱や、南北朝の動乱や、戦国時代など、先祖が使用した武具は「その後」どのように後代へ継承され、どのような意味を有し、江戸時代にはどのように扱われていたのかを調べ、それを相続・改易・再興との関連で検討した。享保期、八代将軍吉宗が諸家の什物（家宝）を江戸城内で上覧（のちに返却）していたことも分析した。また、天保期の江戸町奉行として遠山左衛門尉景元（通称「金四郎」）が名高いが、遠山家は「その後」どのような歴史を歩んだのかを研究している。

元禄時代の那須資徳は、改易となった「その後」も生きつづけ、江戸や弘前で生活し、さらに「その後」に旗本として御家再興を遂げたのである。

江戸時代の大名改易に関する研究は、全体的・数量的な考察や、改易に至るまでの過程（いわゆる「御家騒動」が絡む場合が多い）の個別的分析がいくつかあるが、肝心なことが欠如していたと思われる。改易で取り潰しとなった大名の「その後」、浪人時代の処遇や再興に至る経緯を、改めて注視する必要があるのではないだろうか。なぜ再興できるのか、ということに明確な答えは出されていない。

幸いなことに、本書で取りあげる那須資徳については、当主の「那須家文書」や実家の「津軽家文書」があり、周囲の人物に関する史料もいくつかある。これらを使用して、改易から再興までの歴史像・社会像を構築してみよう。

さて、中世以来の旧大名であった武家が再興される場合は、万石以上の大名ではなく、万石以下の旗本として存続するケースがある。那須家だけではなく、最上・武田・山名・今川・大友などの例で、いずれも旗本として復活する。大名には譜代・外様の区別があるが、旗本も出自や経歴によって譜代旗本と外様旗本に分けるならば、那須家は「外様旗本」に振りわけられよう。しかし、これは決して、幕府が彼ら外様の存在を恐れて大名から旗本に格下げしたというような安易なものではないと思われる。脅威を感じるならば旗本であっても存続させる必要はない。なぜ万石以下の旗本として再興・存続させたのか。

大名として取り立てるには、相応の領地と居城が必要となる。領地を与える場合、幕府領を削減するか、現存の大名領を削減するか、どこかを削らなければならない。しかし、これは幕府も大名も困る。居城も数が限られており、現存大名に何の咎もなく城を明け渡してもらうことはできない。新規に築城することも得策ではない。明暦の大火で焼け落ちた江戸城の天守閣でさえ再建しない（できない）世の中である。

しかし、いわゆる名家を存続・再興することは決してデメリットではない。名家には旧臣も多く、先祖代々の故地がある。彼らを統率し支配・運営するのには、やはり旧当主家が最も適任であろう。その由緒から、高家などをつとめた者もいる。

こうした考えの中で、那須家などは旗本として再興がかなったと思われる。また、名家でなくとも、改易時の罪の軽度や、相応の運動によって再興となる場合もある。そのシステムについても、資徳と周囲の動向を追う中から検討していくこととする。

近世初頭の那須家

戦国時代末期、那須資胤《すけたね》・資晴父子は近隣の蘆名盛氏・結城義親・佐竹義重・宇都宮国綱らと闘争を繰りひろげ、勢力の維持・拡大に奔走していた。那須地域では、「那須衆」と呼ばれる国衆も活動していた。彼らは「那須七騎」とも称され、勢力の伸張を図っていたが、その中心に那須家がいたのである。那須家のほか、「那須衆」には福原《ふくわら》・蘆野・千本《せんぼん》・伊王野《いおうの》・大田原・大関の諸家があり、時には互いに争い、時には婚姻などで結束していた。

しかし、他の「那須衆」が豊臣秀吉に味方して小田原攻めに参陣する中、資晴はそれを拒否したため、所領没収・蟄居という憂き目にあってしまう。「那須衆」から見れば、那須家の一度目の改易は結果的にそれぞれが独立する機会を得ることともなった。

その後、資晴の子資景が那須郡福原に五〇〇〇石を与えられ、御家再興となり、秀吉また徳川家康から加増が認められていく。資晴も資景とは別に一〇〇〇石を拝領する。慶長十四年（一六〇九）に資晴が死去した際には、資晴遺領も資景が引き継ぐこととなり、一万四〇二〇石の領主となる。同じ年には資重も誕生し、寛永元年（一六二四）に資景から資重への家督相続が無事に執り行われた。

ところが寛永十九年、資重は父資景よりも早く、しかも嗣子なきまま、三十四歳の若さで死去してしまう。そのため、那須家は二度目の断絶、所領没収となる。

一方の資景は当時五十六歳と存命で、史料的には不明だが、おそらく資景自身や家臣たちが幕府への那須家再興運動を展開したのであろう、翌寛永二十年三月十五日に五〇〇〇石を拝領して御家再興を遂げることに成功した。『寛政譜』によれば、資重死去によって那須家の「家名」が絶えてしまうことを将軍家光が憐れみ、資景がいまだ健在であったことから、家光の判断で再興がかなったという。

資重は急死だったのであろうか。わからないのは、その養嗣子を事前に準備していなかったことである。資重の姉が喜連川尊信《たかのぶ》に嫁ぐなど、近隣の大名との婚姻関係が結ばれ、資重は下総多古（のち陸奥窪田）土方雄重《かつしげ》の娘、彼女の死後は大関政増の娘を妻に迎えていた。血縁関係者でも地縁関係者でも、なぜ候補者を選定しておかなかったのであろうか。

資景が那須家当主に返り咲いたのは五十六歳であるが、慶安五年＝承応元年（一六五二）までの十年間、六十六歳に至るまで養子を迎えていない。資重の死去に伴う那須家の改易を反省していないかのようでもある。養子を迎えてから四年後、明暦二年（一六五六）一月二十五日に資景は死去することになるので、那須家存続の点で非常に危ない橋を渡っていたといえよう。この点は不明だが、確実なのは、慶安五年に増山《ましやま》家から養子が入ることによって、那須家は再び旗本から大名となる道が開かれていったことである。増山家は将軍家綱生母の実家であった。

筆者がここで注目したいのは、屋島の戦いで活躍したとされる宗隆以外に、誰が「与一」を称したのかということである。「与一」は通称であり、先祖と通称を同じくすることは重要な意味を持っている。そこで、那須家の諸系図から「与一」を称した人物を拾いだしてみる。那須家は藤原貞信を祖としているが、その出自・系譜は不明な点が多い。いずれにしても、平安時代後期以降、下野国北東部を基盤とする勢力となり、源頼朝に従ってからは有力御家人として君臨していくこととなる。しかし、近世においては「与一」が歴代の通称となっているが、中世においては誰も通称としていない。

そもそも那須家の当主は、「太郎」が代々の通称であった。長男が「太郎」、二男が「次郎」、そして十一男の宗隆は「与一」を名乗っていた。「与一」は十に一つ余る「余一」に通じるという。武功によって与一宗隆の名があがり、そのおかげで那須家が台頭したとしても、あくまでその惣領は「那須太郎」であり、後代が「那須与一」を名乗ることはなかった。

その「太郎」以外に「五郎」や「次郎」が惣領となる場合があった。

古くは、「与一」宗隆の亡き後、その兄にあたる「五郎」資之が跡目を相続した。しかし、それ以降は再び「太郎」の継承が続いていく。

十五・十六世紀において、嫡子の「那須太郎」系と庶子の「那須五郎」系との間で、一族内紛があった。前者は「上那須」、後者は「下那須」と称され、十六世紀初めに下那須の資房が「両那須」を統一したが、その後の惣領も「那須太郎」を称している。あくまで那須家の惣領は「五郎」でも「与一」でもなく、「太郎」であるという認識・通念があったと考えられる。

また、戦国期には「次郎」資胤が惣領となっている。これは惣領の「太郎」高資が那須衆千本資俊に殺害され、高資の異母弟である「次郎」資胤がその地位を相続したためである。兄の「太郎」から弟の「次郎」への継承という、いわば一時的なものであった。

四百年ぶりの那須与一

そして、「次郎」資胤の跡目は子の資晴が継ぐ。資晴の通称は「太郎」で、再び那須家惣領は「太郎」を称するという基本に戻った。この資晴の時代に豊臣秀吉による天下統一があり、那須家は改易となる。それは天正十八年（一五九〇）七月末～八月初め頃、宇都宮仕置の際に決定されたと見られる。

しかし、直後の同年十月二十二日、資晴の嫡子である「那須藤王丸」が、秀吉から五〇〇〇石を与えられることが命じられた。その翌年四月二十三日、「那須与一郎」に対して再び秀吉から五〇〇〇石が加増された（「那須」二一〇）。藤王丸が元服して与一郎資景と改めたので、両者は同一人物であるが、天正十八年十月二十二日から十九年四月二十三日までの六ヶ月の間に、元服および名乗りの改めを行ったことになる。元服と改名は同日と思われるが、文禄四年（一五九五）五月二十六日段階で、「藤王丸」とする書状もある（『栃木県史』史料編中世二）。

秀吉からの5000石加増を記した書状（「那須」220）

問題は、資晴に至るまでの通称「太郎」ではなく、四百年ぶりに「与一（郎）」が選択されたことである。そこには、秀吉側の権力介入の動きがあったのではないかと推測する。

資景が那須家の新当主となり、「与一」を名乗りはじめたのは、彼が四、五歳の頃で、資晴はまだ三十代半ばと健在である。資晴は引き続き「太郎」を名乗りつづけるばかりか、幼少の当主資景を後見する実質的な当主でもあった。それは秀吉から那須家への贈答品が、資景ではなく「那須太郎」資晴を宛所としている点からも見ることができる。

それでも、那須家当主は幼少の資景であり、合わせて一万石の所領は資景に対し、那須の地に与えられていた。

これに関して、荒川善夫氏は、「秀吉が小田原合戦後の仕置として惣無事令に従わなかった那須氏を滅亡させ、大関・大田原・伊王野氏などを那須氏から切り離し独立させたものの、中世以来の那須氏と那須衆との関係を殊更に尊重し認めざるをえない事態が生じ」ており、その事態は奥羽で起きた一揆で、「豊臣政権の対奥羽の一揆対策の一環として復活を許され宛行われた所領配置」であったとする。そう考えていくと、突如として「那須与一」が復活したことにも、重要な意味がありそうである。

史料的に確証を得る段階には至っていないが、「那須与一」を復活させたのは豊臣政権側であり、歴史ある武名を名乗らせ、歴史ある地域を支配させることによって、関東・奥羽を押さえる一翼を担わせようとしたのではないだろうか。幼少の資景自らが「与一」を選択したとはまず考えられない。父資晴は一度改易された身であり、那須家側で武名高き「与一」を復活させることは豊臣政権側に対する反抗策と見られる危険性を伴う。那須家の家臣や那須衆が要望することも想定しづらい。そうなると、健在の「太郎」に代わる相応しい通称が「与一」しかないという消去的な考えもあったかもしれないが、上位権力となった豊臣政権側から「与一」を与えて名乗らせる、これしかない。

この時期、豊臣政権は諸領主に対して積極的な権力介入を行っていた。

北関東では、下野の佐野房綱の事例がある。北条氏政・氏直の北関東進出に伴い、佐野家はその傘下に入るか、あくまで対抗を続けるか、という分岐点に立たされ、結果として前者を選択した。すなわち、佐野家当主は氏政の弟氏忠が就き、これに反発した一族の佐野房綱は出奔、秀吉を頼った。そして、北条滅亡後、房綱が佐野家の新当主となり、のちに豊臣大名富田信高の弟信吉が房綱の養子となり後を継いだ。

房綱の当主就任も、信吉の養子縁組も、秀吉側の意向によるものである。

また、上野国の井伊直政の事例もある。直政は言わずとしれた徳川家康の重臣で、家康の関東入国に伴い、上野国箕輪城が与えられ、十二万石の領主となった。さっそく、新領地箕輪の土地調査と城普請を開始するが、これに関して秀吉が直政に直接指示を与えた、天正十八年八月七日の書状が「井伊家文書」に残されている。家康の一家臣である直政の行動に対して、秀吉自らが命じているのである。

この書状について母利美和氏は、「家康の関東入部は、天下統一の最終段階に入った奥州攻略に向けての、秀吉による布石」であり、「直政の箕輪配置も、実は家康による関東支配のためではなく、奥州攻略のため秀吉の強い意向によるもの」とし、「秀吉の天下統一においては、直政は家康の一家臣ではなく、秀吉の壮大な戦略の中で、重要な位置を占めていた」と述べている。秀吉による徳川家臣所領配置の介入は、川田貞夫氏が初めて論じ、市村高男氏や平野明夫氏によってさらなる分析が加えられている。

こうした事例を見ても、天正十八〜十九年頃、秀吉が北関東の諸領主に対して積極的な介入を行っていたことがわかる。那須家新当主となった藤王丸が、秀吉側の意向で「与一」資景を名乗ることになったと推定しても、それほどの違和感はないと思われる。

そして、那須家の惣領・当主は、中世において「太郎」、近世において「与一」（資弥を除く）を通称としつづけた。これは単なる名乗りの継承ではなく、那須家当主としての歴史と未来を背負うことでもあり、その権威を維持することでもあった。

第二章　那須資弥と烏山

将軍家綱と増山家

四代将軍家綱の生母を「お楽の方」（法号「宝樹院」）という。三代将軍家光の正室（御台所）は鷹司信房の娘で、お楽は側室の一人である。側室はお楽だけではなく、お夏・お万・お国・お振がおり、その中で嫡男を産んだのがお楽であった。

家綱が誕生したのは寛永十八年（一六四一）八月三日のことで、家光没後の慶安四年（一六五一）に十一歳で新将軍となる。しかし、一年後の承応元年（一六五二）十二月二日、お楽は三十二歳の若さでこの世を去ってしまう。家綱は父母を相次いで失った。

さて、お楽の出自について、たしかなことはわかっていない。系譜類には江戸城大奥にあがるまでの経緯も記されているが、信憑性の点で確たることは言えない。それでも、お楽が家綱を産んだことや、またその縁で一族が幕府に取り立てられたのは事実であり、那須家もその一つなので、系譜からお楽の出自を追うことにする。

お楽は大奥にあがってからの名で、彼女はそれまで「お蘭」と名乗っていた。『徳川諸家系譜』によると、五〇〇石の旗本朝倉才三郎政朝の家来朝倉惣兵衛の娘であるという。しかし、才三郎が嗣子なく死去したことにより、朝倉家は改易。惣兵衛は、妻と息子一人・娘二人を抱えたまま浪人身分となってしまった。困窮した生活を支えるため、人目を忍んで御法度の鶴を鉄炮で打ち、それを江戸の鳥問屋に売却し、その金子を古河へ持ち帰って妻子と生活をしていた。この御制禁行為はやがて露見し、惣兵衛は死罪となる。残された妻子四人は、当時の古河藩主永井尚政に「上り者」として幕府から下げわたされ、古河で生きつづけることとなった。その後、尚政の娘が筑後柳川藩主立花忠茂に嫁ぐことになった際、惣兵衛の妻「紫」と、娘の一人お蘭は尚政の娘に従っていった。もう一人の娘は尚政奥方に残って仕え、息子弁之助は尚政側近の小姓として奉公した。

ところが、忠茂の奥方となった尚政の娘は程なくして死去し、紫・お蘭の母娘も暇を出されてしまう。幸いにも、尚政の家来七沢作左衛門清宗（一五〇石の給人格）が後妻を求めており、紫は清宗に再嫁、お蘭も実子のごとく養育された。

そして大きな転機が訪れる。七沢家は浅草辺りに店を借りて町住まいをしていたが、門外へ出て遊んでいるお蘭の姿を、家光乳母の春日局が見つけることとなる。春日局は、浅草観音に参詣した際、乗物の中からお蘭を見つけ、家光が望む女性ではないかと判断。七沢夫婦に会い、お蘭をどこにも奉公に出さないようにと堅く約束させ、江戸城に戻った。そして、子細を家光に報告し、迎えが七沢家に寄こされ、お蘭は大奥に向かったという。

どこまでが真実なのかは不明だが、もう一つの説がある。大奥女中の「於こわ」が増上寺参詣の際に見出し、江戸城へ召し出されたお蘭に家光の目がとまった。お蘭はお楽と改め、のちに懐妊したため、春日局が永井尚政に話をして尚政の娘分としたという。

いずれにしても、お蘭が家光側室となり、さらに家綱を出産したことによって、その家族も取り立てられることとなった。養父七沢清宗は家綱から合力金千両が与えられ、雲晴入道と号したという。実母紫は「泉光院」と称せられ、貞享四年（一六八七）六月二十日に八十六歳で死去した。お楽の妹は高家品川高如の妻、弟弁之助は大名増山正利となる。

お楽の母紫は七沢清宗に再嫁したが、二人の間にも子が生まれた。増山高春のちの那須資弥、長門長府藩主毛利元知の妻、旗本平野長勝の養子となる長政、天台宗の圭海法印である。圭海は、上野寛永寺尊重院の弟子となり、同乗円院の大阿闍梨、京都愛宕山長床坊住職になったという。いずれも「家綱公の御叔父の縁」による取り立てとされている。

以上は、主に『徳川諸家系譜』の記述に拠ったものであるが、『寛政譜』にはそうした細かな伝承的記述は少なく、青木三太郎利長をお楽や増山正利の父であるとする。母は「泉光院」とあり、紫と名乗ったことなどは記されていない。那須資弥の実父も七沢清宗ではなく青木利長としている。この『寛政譜』で興味深いのは、増山正利に関する記述である。正利は、「下野国都賀郡高嶋村」の生まれで、かつては「青木」を称していたが、姉のお楽が大奥にあがるに伴い、寛永二十年に将軍家光に拝謁し、「増山」に改めるように命じられたという。高島村は古河とも近い。

また、正利は実父青木利長を供養するために、高島村法蔵寺に宝篋印塔を建て、歴代当主が法要を営んだという話もある。

さらに、増山家が作成した系譜（「那須」三六）によれば、増山織部という人物の娘（「泉光院」）が青木三太郎に嫁ぎ、「品川豊前守」に嫁いだ「おつな」、家綱生母となる「宝樹院」こと「おらく」、「増山弾正少輔」となる「弁之助」らが「下野高嶋村御出生」であったとする。

増山正弥と下館

元禄初年における諸大名の内部情報が記載された『土芥寇讎記《どかいこうしゅうき》』というものがある。世間の評判が記されたもので、辛辣な批評が続く。当時の増山家当主であった正弥についても取りあげられているので、参考までに少し紹介しておこう。

増山兵部少輔正弥は、「弾正忠正利ノ子、七沢作右衛門清宗入道雲晴ノ孫也」とする。また、家老は「吉見頼母」と「白須十兵衛」がつとめていた。

そして、正弥に対する世間の評判は次のとおりである。文武ともに学ばず、武勇を専らとしているので「短慮」。そのため、家人が迷惑することが多い。利発に過ぎている。美女や美小人を愛し、妾が多く、腹々に子がいる。家民を哀憐しない。これを「悪将」というべきであろう、とまとめる。

正弥の評判は悪いと『土芥寇讎記』の筆者は述べるが、そのまま鵜呑みにすることも短慮だろう。さらなる酷評を津軽信政に与えているが、これは後述する。

ここで増山正弥の下館国替に関する件について述べよう。

寛文二年（一六六二）に増山正利が死去し、その跡目は那須資弥（正利の実弟増山高春）の嫡子兵部正弥が相続した。増山正弥が三河国西尾二万石の藩主となったわけだが、『徳川諸家系譜』によれば、正弥は「幼年」であり、「参州西尾ハ枢要の地たるが故」、つまり幼少の藩主では収められない要地なので、正弥には三千石を加増の上、常陸下館へ国替、代わりに西尾には下野国内の領主であった土井兵庫頭利長（利勝の三男）が入ることとなったと記されている。寛文三年当時、正弥は十歳、利長は三十三歳であった。

そのまま読めば、幕府は下館よりも西尾の方を重要視していたということになる。相続した宇都宮藩主が幼少であるために山形藩へ国替を命ずるなどの事例があるが、これも幕府が宇都宮を要地と認識していたからであった。

興味深いのは、下館国替に関する『諸家系譜』の記述である。国替に対する観念に疑問を生じさせる。

幕府は『寛政重修諸家譜』の編纂にあたり諸大名・旗本から系譜を提出させたが、国立公文書館内閣文庫所蔵の『諸家系譜』は、その編纂前の下書きに相当する。寛政期当時の増山家当主は正賢で、元禄十五年（一七〇二）に正弥が下館から伊勢長島へ国替となり、以後幕末まで増山家は長島藩主をつとめた。

増山正賢は、かつて寛文三年に先祖正弥が西尾から下館に国替となったことについて記す。国替が命じられたのは、西尾が「遠国」であるのに対し、下館は那須に「程近」いので、増山正弥が実父である那須資弥に領内仕置などに関して「相談」することも行き届くだろうという理由で、将軍家綱が「仰付」けたものであったという。

この時、正弥に与えられた下館藩領は、常陸真壁郡内と下野芳賀郡内という地域にあたる。寛文三年時、資弥は那須郡内五〇〇〇石を中心とした七〇〇〇石の領主であった。那須郡は下野の北東部、正弥が与えられた芳賀郡はそのすぐ南、そのさらに南に常陸の真壁郡があり、たしかに那須・増山両家の所領は近接した地域にある。

もし、こうした記述が事実であるとすれば、幕府が親戚大名間の緊密なつながりをある程度容認、また積極的に進めていたことにもなる。

幕府は大名間の関係が緊密になることを避けようとしていたのではなかったのか。「武家諸法度」を確認すると、大名間の私婚を禁ずるとともに、私的な結集をすることも禁止していた。私婚の禁止は、幕府の許可なく婚姻を結ぶことを禁止するという意味である。しかし、実態はすでに大名間で交渉が進められ、幕府は特段の介入はせず、ただ認めるだけである。大名側は先例にのっとり、家格の差があり過ぎる相手は避けるなどの手段を講じて、幕府に疑問を抱かせない相手を選定する。私的結集の禁止も、決して一切集まってはいけないという意味ではなく、徒党を組んで反旗を翻さないようにとしたのである。現に、諸大名・旗本間での個人的な書状の往復は多く、何らかの祝儀や不祝儀があれば集うこともある。

増山家の下館への国替で幕府が期待したのは、那須資弥・増山正弥は実の父子であり、ともに「相談」しながら領内支配・行政（「仕置筋」）を円滑に進めさせることにあった。家綱から見れば資弥は叔父、正弥とは従兄弟の関係にあたる。西尾より下館の方が江戸に近く、家綱縁者の増山家を優遇した国替と見ることもできる。

旧領復帰

父祖伝来の地にかえることは、当時の大名にとって、大きなスローガンの一つであったと考えられる。これはすべての大名・旗本にあてはまるわけではなく、望んだところで実現不可能な現状も横たわっている。しかし、このスローガンは何らかの事態が起きた時などに、突如として隆起してくる潜在意識のようなものである。

よく知られているところでは、柳沢吉保の例がある。

柳沢家はもともと甲斐の武川衆で、戦国大名武田家に仕えた。武田家滅亡後、その旧臣の多くが徳川家康に属することになるが、柳沢家も同様であった。その後、家綱の弟綱吉が館林藩主となると、吉保は綱吉の小姓として側近くに仕える身となった。さらに、綱吉が将軍職に就くと、家臣も加増・登用され、吉保は側用人として綱吉政権を支え、武蔵川越藩十一万二〇〇〇石の藩主に就任したのである。

そして、甲府藩主であった徳川家宣が将軍後継者に決定し、江戸に移ると、宝永元年（一七〇四）に吉保が甲府十五万石の新藩主に任命された。甲斐国は柳沢家にとって、まさに先祖の地であり、これは吉保側から綱吉に強く望んだことともいわれている。

九州の勇将として知られる立花宗茂は、秀吉の九州平定に活躍した功績により筑後柳川十三万二〇〇〇石を与えられた。関ヶ原の戦では西軍に属して大津城攻めに参加し、戦後は浪人となった。江戸幕府開幕後に大名として復帰したが、与えられた領地は陸奥棚倉藩一万石（のち三万五〇〇〇石）であった。しかし、元和六年（一六二〇）、再び旧領柳川に十万九二〇〇石を拝領することとなる。

また、老中水野忠邦は、唐津藩主水野忠光の次男として生まれ、跡目を相続、のちに幕府奏者番に就任した。しかし、さらに上の役職に就くことを忠邦は望み、長崎警固を担う唐津藩主ではそれがかなわないとして、国替を願い出た。その運動は功を奏し、収まったのが遠江浜松藩であった。浜松藩主となって以降の忠邦は、寺社奉行・大坂城代・京都所司代を経て、老中に就くことに成功する。浜松は徳川家の旧領であり、水野家先祖が活躍した故地でもあった。

同じ天保期、水野忠邦は「三方領地替」を遂行しようとする。そのきっかけは、当時の川越藩主松平斉典が数字以上に裕福な所領を持つ出羽庄内藩への国替を願い、忠邦を始めとする幕府要職にあった人たちに運動を展開したものであった。この背後には大御所家斉の存在があったが、幕府側はそれを受けて、川越藩松平家を庄内藩へ、庄内藩酒井家を越後国長岡藩へ、長岡藩牧野家を川越藩へ、という「三方領地替」を計画した。

この「三方領地替」という方法自体は、それまで何度か幕府が実施したことであったが、庄内藩は領民とともに猛反対した。反対理由の一つに、庄内の地が祖酒井忠勝以来、「先祖より代々古来より拝領の城地」であり、一度も国替をしていないという主張があった。

那須家も「父祖伝来の地」にかえることができたのである。

先に述べたように、那須資晴は小田原陣の遅参により改易となるが、その息子資景が所領を宛行われて那須家は再興する。その所領は那須郡内福原を中心とした地域であった。しかし、万石以上の大名ではなく、居城も有していなかった。資晴亡き後、資景はその遺領も継承したので、一万四〇〇〇石余りの大名となったが、いまだ居城はない。

さらに資景の子資重が嗣子なく死去し、再び那須家は改易処分を受け、資景が当主に再任して御家再興となるが、この時は五〇〇〇石の旗本となった。その後、増山高春がすでに所有していた二〇〇〇石をそのまま保持しながら、那須資弥として相続したので、那須家は七〇〇〇石を領有した。そして寛文四年、那須資弥は五〇〇〇石を加増される。ここで那須家は一万二〇〇〇石となり、再度大名に列することができた。それでも、まだ居城は有していない。

那須家待望の居城が与えられるのは、延宝九年＝天和元年（一六八一）二月のことであった。八千石を加増されたので、合わせて二万石となるが、その居城こそ、那須家に由緒ある故地「烏山城」だったのである。

烏山城は那須家が築城したもので、かつて「上那須」と「下那須」に分かれて一族の内紛があった際には、「下那須」が本拠としていた。那須資晴が去って以降、烏山藩主は成田氏長《うじなが》・長忠《ながただ》・氏宗《うじむね》、松下重綱《しげつな》、堀親良《ちかよし》・親昌《ちかまさ》、板倉重矩《しげのり》・重種《しげたね》と続いた。板倉重種が信濃国坂木に国替となったために、烏山藩主の座が空き、そこに那須資弥が入ることができたのである。

なお、重種の国替は、家綱後の新将軍選定にあたり、綱吉を推す徳川光圀・堀田正俊らに対して、重種や酒井忠清は有栖川宮幸仁親王を推したことで対立し、綱吉の将軍就任後に行われた（一万石減封）ものであったという。

那須資弥の烏山拝領

増山高春と名乗っていた頃の資弥関係史料は非常に少ないが、叙任に関する位記と口宣案が現存している（「那須」二一二・二一七）。それによると、高春は慶安四年八月十六日に従五位下右衛門大尉に任じられた。家綱の将軍宣下のわずか二日前である。家綱と高春とは従兄弟の関係でもあるが、同日に「諸大夫」に任じられたのは「増山友之助」など十九人にのぼり、宣下の儀式に列するために叙任されたものと考えられる。

その半年後の慶安五年二月、高春は那須家を養子相続し、那須資弥と改める。寛文四年には、五〇〇〇石が加増されて一万二〇〇〇石を領し、那須家は再び大名となった。そして、延宝九年二月二十五日、資弥は烏山城を拝領し、さらに八〇〇〇石を加増された。

ここでは、その前後の資弥について、現存する史料から動向を見ていこう。史料は、延宝八年における①「御腰物帳」、延宝九年の烏山初入部における②「御入部行列帳」と③「烏山御知行付」、貞享元年における④「烏山道中馬次付」と⑤「貞享元年烏山日記」、および延宝九年頃と推定される⑥「遠江守様御代　烏山城内家中屋鋪図」である。

那須家の当主家文書を整理・分類した栃木県立博物館の船木明夫氏は、これらの史料について以下のような解説を付している（『那須家資料』）。拠るところも大きいので、まずそれを紹介したいと思う。

まず①は、「延宝八年の段階で那須家に所持される大小の刀剣類から笄・小柄等にいたるまでを一覧にしたものである。処々に入手の経緯等の詳細な書き込みが見られる」と記している。②は、延宝九年二月に烏山へ国替となった資弥が、「同年五月、はじめて烏山に入部した。このときの行列の様子を記録したもの」。③は、「このとき知行付となった四六の宿村と石高を書き上げたもの」である。④は、「貞享元年三月一二日に江戸を発駕し、一四日に烏山に到着した道中記で、資弥の帰城時のものと思われる」とする。⑤は、「天和三年（一六八三）二月から翌年にかけての烏山周辺の寺社への参詣、那須衆間のやりとり、領民の動向などを記録したもので、烏山藩時代の那須氏の在所支配の実際を知ることのできる数少ない史料の一つである」とコメントしている。そして⑥は、「烏山藩時代の那須家中約八〇余名の城内における屋敷の配置を描いたものであり、注目されるのは城主住居となった三ノ丸に隣接して、後に那須家改易の原因をつくり出した福原図書が広大な屋敷を与えられている点である」とする。

これを読んだだけでも、資弥と烏山近辺の関係に興味が湧いてくる。それでは、実際に史料の内容に入り、藩主那須資弥を中心とした烏山城をめぐる世界を少し描きだしてみよう。本節で右の③、次節で①・②・⑥、次々節で④と⑤の順で取りあげる。

まず、③の「烏山御知行付　一巻」（「那須」四一）には、烏山藩領の村名と石高が記されている。石高はそれぞれの「本斗」・「新田」・「浮役」が分けて記され、村名は四十六を数える。その範囲は、現在の栃木県中西部、那須烏山市（平成十七年に烏山町と南那須町が合併）・那珂川町（同年に馬頭町と小川町が合併）・大田原市（同年に大田原市・湯津上村・黒羽町が合併）にまたがっている。

延宝九年四月十一日に金村又左衛門が記録したもので、那須家時代の烏山藩領の全貌を示す貴重な史料でもある。

以下、村名のみを列挙すると、酒主《さかぬし》町・瀧田村・八ケ平《はちがだいら》村・中山村・谷浅見《やあざみ》村・大桶村・白久《しらく》村・高岡村・片平村・東戸田村・三輪村・恩田村・薬里《くずり》村・興野《きょうの》村・宮原《みやばら》村・大沢村・大木須《おおぎす》村・小木須《こぎす》村・横枕村・上境《かみざかい》村・下境《しもざかい》村・小原沢《こはらざわ》村・神長《かなが》村・月次《つきなみ》村・中井上《なかいのうえ》村・野上《のがみ》村・志鳥《しとり》村・向田《むかだ》村・小川原村・高瀬村・熊田村までで、「本斗」は「高壱万九千八百五拾九石八斗七升」あり、「新田」は「高千拾壱石三斗八

延宝９年の烏山藩領一覧（「那須」41より作成）

	村　名	本　　斗	新　　田	浮　　役
1	酒主町（烏山）	高1105石2斗2升8合3勺	高10石5斗9升5合	永52貫43文
2	瀧田村	高843石3斗3升1合2勺	高107石3斗4升1合3勺	永754文
3	八ヶ平村	高94石2斗5升5合5勺		永56文
4	中山村	高484石6斗2合5勺	高89石8斗5升7合5勺	永35文
5	谷浅見村	高731石5斗5升8合5勺		永846文
6	大桶村	高985石7斗	高16石7斗6升1合	永1貫29文
7	白久村	高638石4斗5升9合		永185文
8	高岡村	高200石1升	高52石7升5合	永42文
9	片平村	高762石9合		永60文
10	東戸田村	高334石6斗4升2合	高8石3斗9升4合	永258文
11	三輪村	高612石1斗	高24石6斗4升	永155文
12	恩田村	高326石2升3合		永105文
13	薬里村	高558石2斗8升2合		永230文
14	興野村	高1102石2斗2升9合5勺	高24石6斗3升3合	永3貫753文
15	宮原村	高213石1斗3升1合		永249文
16	大沢村	高495石8斗8升	高18石4斗9升2合	永3貫303文
17	大木須村	高977石3升1合	高35石1斗5升6合5勺	永6貫8百3拾1文
18	小木須村	高716石8斗3合		永5貫294文
19	横枕村	高274石8斗3升3合	高95石5斗8升7合	永2貫62文
20	上境村	高807石6升8合	高37石3斗9升3合	永4貫873文
21	下境村	高1198石4斗5升2合5勺	高25石7斗1升8合5勺	永7貫575文
22	小原沢村	高192石8斗1升3合	高2石2斗6升6合	永3貫200文
23	神長村	高1046石3斗7升5合5勺	高70石2斗8升	永40文
24	月次村	高580石1斗3升8合	高10石1斗5升	永69文
25	中井上村	高208石6斗3升	高3石3斗6升9合	永91文
26	野上村	高1009石2斗9合	高9石2斗6升1合	永633文
27	志鳥村	高1016石8斗5升8合	高257石9斗1升7合5勺	永361文
28	向田村	高993石2斗8升3合	高25石1斗7升1合	永4貫723文
29	小川原村	高163石1斗9升1合5勺	高27石6斗8升2合6勺	永223文
30	高瀬村	高218石6斗7升7合		永39文
31	熊田村	高879石6斗6升1合	高52石6斗3升6合	永113文
小計		高1万9859石8斗7升	高1011石3斗8升5合	永99貫284文
32	福原村	高723石9斗5合	高611石4斗4合	米15石9升3合、永1貫700文
33	西中野村	高417石7斗6升6合	高279石8升	
34	大神村	高230石3斗2升8合	高110石5斗6升4合	米5斗3升8合、永247文
35	岡和久村	高117石2斗6升2合	高10石4斗4升5合	米5斗9升5合、永61文
36	小種嶋村	高135石5斗9升1合	高22石7斗7升4合	米7斗5升4合、永54文
37	片府田村	高228石1斗8升9合	高68石7斗9升7合	米1斗9升6合、永102文
38	新宿村	高327石2升7合	高17石3斗6升	米2石7升2合、永576文
39	上蛭田村	高302石2斗1升2合	高56石5升4合	
40	下蛭田村	高431石9斗4升	高23石5斗9升3合	米5石2斗9升6合、永529文
41	蛭畠村	高265石2斗5升5合	高233石9斗7升4合	米5斗9升4合
42	上浄法寺村	高272石4斗9升2合	高86石7斗9升9合	米8斗5升4合、永115文
43	下浄法寺村	高249石8斗8升	高98石5斗6升6合	米1石2斗9升1合、永643文
44	苅田村	高169石1斗5合	高34石6斗8升	
45	須佐木村	高379石8斗1升	高57石3升4合	米7升2合、永670文
46	雲岩寺村（寺領）	高242石2斗9升		
小計		高4494石5升3合	高1761石5升3合	米27石3斗5升5合、永4貫691文
合計		高合2万4353石9斗2升3合（「本高」2万石、「籠高」4353石9斗2升3合）	高2772石4斗3升8合	米27石3斗5升5合、永103貫981文

升五合」、「浮役」は「永九拾九貫弐百八拾四文」にのぼる。

次からは「是より奥者先祖福原領之御知行之所也」という村々が並ぶ。福原《ふくわら》村・西中野村・大神《おおがみ》村・岡《おか》和久《わぐ》村・小種嶋《こたねしま》村・片府田《かたふた》村・新宿《あらじゅく》村・上蛭田村・下蛭田村・蛭畠村・上浄法寺村・下浄法寺村・苅田村・須佐木《すさき》村・雲岩寺《うんがんじ》村までの「本斗」が「高四千四百九拾四石五升三合」、「新田」は「高千七百六拾壱石五升三合」、「浮役」は「米弐拾七石三斗五升五合」と「永四貫六百九拾壱文」である。

すなわち、全合計が「高合弐万四千三百五拾三石九斗弐升三合」で、その内の「本高」が「弐萬石」、「籠高」が「四千三百五拾三石九斗弐升三合」とされた。新田の合計は「高弐千七百七拾弐石四斗三升八合」、浮役の合計は「米弐拾七石三斗五升五合」と「永百三貫九百八十壱文」である。

なお、各村の石高は、「元禄郷帳」（『関東甲豆郷帳』）のそれとほぼ一致しており、当時の烏山藩那須家の領地を明確に記載したものであった。

初入国と那須家家臣

①の「御腰物帳」（「那須」一〇）からは、那須家が所持していた刀剣などが判明する。

この帳面の作成者は長野猶之丞で、那須家の家臣である。表紙には延宝八年十二月と記載されているが、「天和」や「貞享」の書き込みがあり、少なくとも貞享四年五月までの加筆が見られる。すなわち、資弥から資徳への代替わりが行われる直前の那須家所蔵「御腰物」一覧である。

刀や脇差を中心に、小柄・鍔・目貫などの付属品も含め、その数はおよそ二〇〇件にのぼる。そのすべてを紹介することはできないが、代表的なものや特徴的なものをいくつか取り上げることにしよう。

最初に挙げられているのは「成高御太刀」である。長さは「弐尺六寸三分」で、「昔之御柄鞘有」という。成高太刀は那須家随一の重宝で、昭和六十二年（一九八七）には重要文化財の指定を受けている。

そして、この「御腰物帳」で特徴的なのは、他家から那須家へ贈られたものや、那須家が他家へ贈ったもの、家臣に下賜したものがわかることである。

贈られたものとしては、たとえば松平讃岐守から「成太郎御刀」、水野備後守から「中嶋来国長御脇指」、土井大炊頭から「長谷部御小脇指」が那須家に渡されている。「法城寺御脇差」の場合は、「弾正様」より贈られたとする。弾正は増山正利のことで、正利・資弥という実の兄弟間で贈答が行われていた。ただし、この脇差について、「是ハ丑之春御拂被成候」とあり、貞享二年に売り払われたようである。同様に、水野からの「来国長御刀」は天和三年に「御払」となった。

那須家側から贈ったものとしては、増山家・平野家、そして津軽家宛のものが目立つ。

増山家の場合は、兵部少輔正弥と大助正任《まさとう》が贈呈先である。「吉岡近房御刀」は、延宝七年生まれの正任「御袴着」祝儀として天和三年十一月十五日に贈ったものであった。「兼房御小脇差」も同じ贈答理由であるが、これは資弥の父七沢雲晴の遺品であったことが判明する。

さらに、正弥へは「申十二月」に「一文字御刀」を贈っているが、これは正任の元服祝儀品と思われる。

また、「兼房中脇差」や「九州信国御小サ刀」も贈っている。

平野家の場合は、丹波守長政と権之助長英《ながふさ》宛である。たとえば、貞享元年八月十六日の「加州清光小脇差」は、長英の七夜祝儀の品であった。

津軽家の場合は、信政に対して「経家御刀」が贈っている。また、「備前盛光御小脇差」と「備前倫光御刀」は、「津軽主殿様へ被遣之、但天和弐年戊ノ夏、御養子為御祝儀」との注記がある。資弥は自らの養子となった津軽主殿政直へ二つの刀を養子縁組祝儀として贈ったのである。政直はのちに那須与一資徳と改名するわけだが、「経家御脇指」は貞享三年六月一日（「江戸日記」同日条でも贈答の事実を確認できる）、「平安城御中脇指」は天和三年十一月と、改名後の資徳へも贈っている。

家臣へ下賜した刀も多い。家老湊織部へは、天和三年十二月に「金獅子目貫」、貞享二年に「冬座御刀見本」、また「御袴二枚」を見ることができる。ほかにも、佐藤八弥・林益庵・渋井玄喜・渡部茂左衛門・岩上八郎兵衛・板垣次大夫・上田宗円・岡部与之介などの名がある。この内、林益庵は第四章の幕府宛上申書にも登場する人物である。

さらに寺院へは、玄性寺へ「宜貞釼」、雲源寺の文殊堂へ「兼貞劔」が寄進されている。

次に、②の行列帳について（「那須」四〇）。

延宝九年二月に烏山を拝領した那須資弥は、同年五月十日に初めて烏山への入国を果たす。相応の行列を組んでの初帰国となり、「御入部行列帳」からはその構成が判明する。

先頭は「鉄炮弐拾挺」で、「弓拾五張」や「長柄弐拾本」などが続く。「御円居竿」・「御馬印竿」・「御指物竿」に続いては、「白熊御鑓」・「白犬皮御鑓」・「熊毛御鑓」二本ずつが後を追い、姓名が記された家臣が並んでいる。

中央には資弥が乗る「御駕籠」があり、この行列はおよそ二七〇人に及ぶ。姓名明記の者は八十九人を数えるが、今後の参考のために姓のみを五十音順に列挙する。青木（二名）・秋本・阿久津・浅井・伊王野・飯田・石河・泉・磯・市川・稲沢・今井・今村・岩上（二名）・岩倉・上田・大久保・大嶋（二名）・大塚・大野・岡部・荻目・小口（二名）・奥野・小高、貝・加田・片岡・勝村・金児・兼藤・河井（二名）・川上・菊山・菊池・北爪・黒羽・古河・小林（二名）・小針・近藤、斉藤・佐藤（四名）・志賀・白井・鈴木・須藤・祖母井、高田・高橋・高見・瀧田（二名）・竹尾（二名）・田中・月井・津田、中嶋・中根・長野・中村・中山（五名）・新村・野崎、八町・服部・平山（二名）・福田・古屋、美濃部、屋代・柳田・横沢・吉田、渡部。

岩上・大嶋・小口・河井・中山など、複数の同姓の者は、親族・縁戚関係者と推察される。伊王野・黒羽という那須衆の姓を名乗る者や、「御腰物帳」を作成した長野猶之丞の名もある。

また、資弥の烏山初入国に同行した八十九人が、当時の那須家家臣団全員ではなく、先に烏山へ入っている者や、江戸の屋敷に残った家臣も、当然のことながら多数いる。那須家の家老をつとめた湊は同行していないため、江戸に滞在したままであったと考えられる。

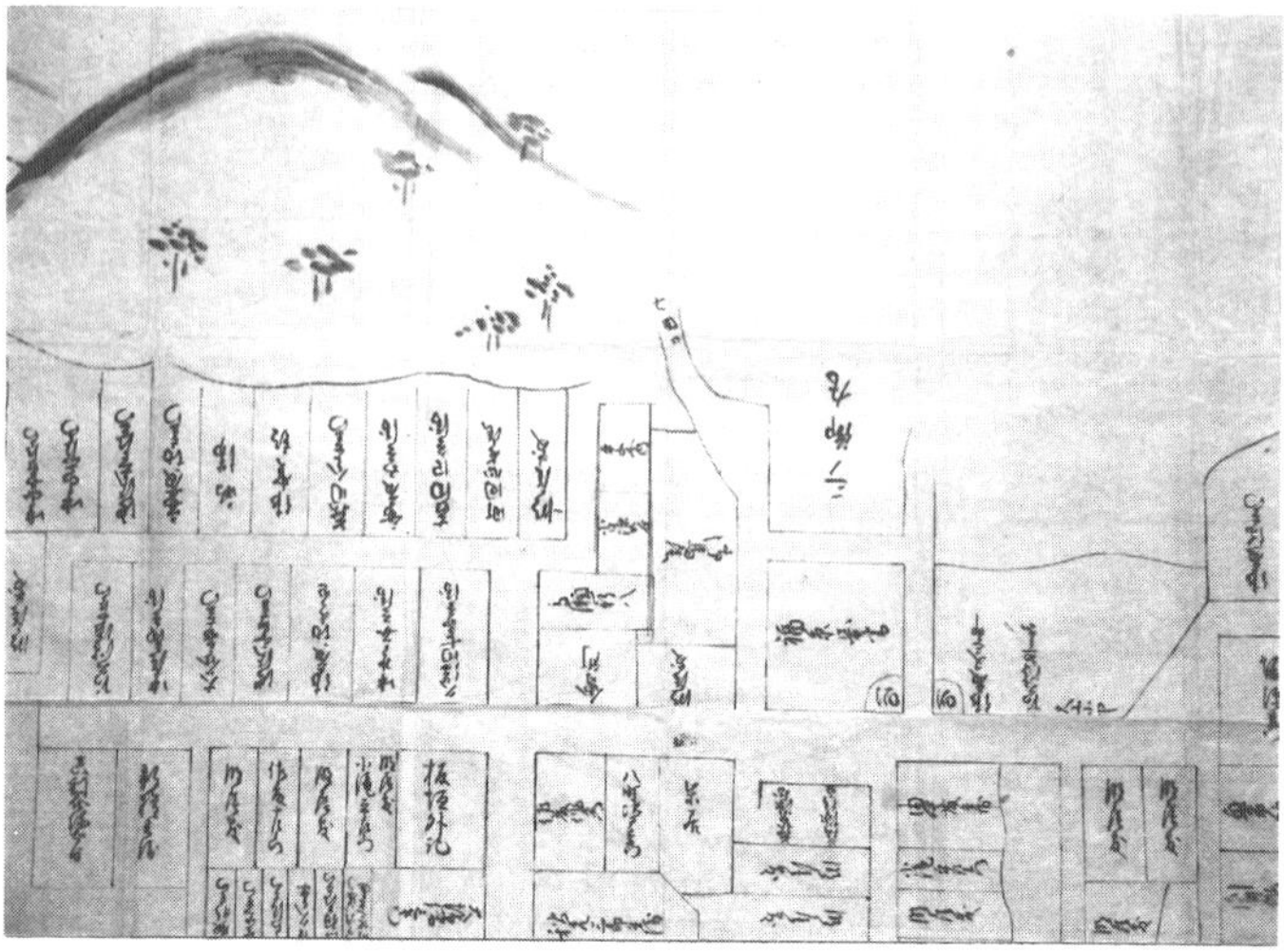

那須資弥時代の烏山城屋敷図（「那須」34　部分）

そして、⑥の「遠江守様御代　烏山城内家中屋鋪図」（「那須」三四）からは、資弥時代における一部家臣の屋敷割状況が判明する。

一人一人の名前は挙げないが、総勢七十四人の屋敷の位置がわかる。「行列帳」にも名のあった、稲沢平内・小口源五右衛門・奥野勘兵衛・斉藤五兵衛・佐藤作右衛門・高橋助之丞・竹尾八兵衛・中山甚右衛門・中山六左衛門・平山弥五兵衛・吉田四兵衛・渡部権右衛門など、共通する人物もいる。

藩主の居館である「三之御丸」の隣には、「福原図書」の屋敷がある。福原は後述するように、那須家の御家騒動「烏山騒動」を引き起こすことになる。

その他、「町屋」・「大工小や」・「御馬屋」・「会所」・「明屋敷」なども記されている。

烏山での日々

次に、藩主資弥と烏山城下の家臣や寺社・領民などとの接点を、残存する史料から見出していこう。④の「烏山道中馬次付」と⑤の「烏山日記」はいずれも貞享元年で、資弥の烏山帰国に関するものである。

まず、「烏山道中馬次付」(「那須」三九)の末尾には、「貞享元甲子年三月十二日、遠江守様江戸御発足ニ而、同十四日烏山ノ城江御在着之節、御道中日記」と、「今宝暦八丁寅年迄、年数七十五年也」ということが記されている。貞享元年三月十二日から十四日における、江戸から烏山までの道中記録で、宝暦八年(一七五八)に筆写されたものである。

帰国のルートとしては、十二日の朝に江戸を出発し、越谷の会田八右衛門方で「御昼休」をとり、「糟壁」(春日部)・杉戸を経て、同夜は幸手の「御旅籠勘右衛門」方を宿所とした。翌十三日は「繰橋」(栗橋)や「古賀」(古河)などを通って、「御昼休」は小山の小河彦右衛門方であった。午後は小金井・石橋と北上し、宇都宮の甲田孫右衛門方が「御旅泊」先となった。そして十四日、資弥は烏山へ「八ツ時分ニ御着」となる。

道中日記はここまでで、内容も簡易なものであるが、道中において津軽家や増山家とのやりとりをしているところが注目される。

資弥は十二日の「江戸御発駕」直後、「朝六ツ過」(午前六時過ぎ)に「津軽越州様へ御立寄」と、津軽信政の屋敷を訪問した。そこから千住へ向かったが、「千寿之橋破損」のため、川を舟で渡った。そこで「兵

烏山城三ノ丸跡

部少様」（増山正弥）から菓子の贈答を受けている。

また、幸手の宿所では、「若殿様」すなわち那須資徳からの使者川合作右衛門が派遣された。「侭田」（間々田）では、幕府大老で古河藩主でもある堀田筑前守正俊よりの使者が訪れ、小山では増山正弥から「鯉弐ツ」が贈られている。さらに、宇都宮では同藩主の本多下野守忠平から贈答品の目録を受けるなど、諸家との交際を見ることができる。

そして、烏山到着後、同年七月二十三日に再び参勤交代で江戸に戻るまでの諸事を書きとめたのが、⑤の「貞享元子年烏山日記」（「那須」三八）である。

その冒頭には、前年の天和三年二月における興野村半右衛門敵討一件が記されている。これは元々黒羽藩領内での出来事であったが、興野村が烏山藩領であったために、藩内の日記に書き残されたのである。

この一件に続いて、貞享元年四月から七月の烏山における資弥の動向が「烏山日記」に記されている。特に、諸家との交際や、家臣・諸寺院との接触が興味深い。

資弥は四月十日に将軍へ鱒三匹を献上し、老中へも鱒を贈っている。七月三日からは「土用明」として「御肴」を贈っているが、その相手は将軍・大老堀田正俊・老中であった。

諸家との交際は、那須家の親戚筋と、烏山近郷の諸領主とのやりとりを見ることができる。四月十八日には「生干きす・砂糖泡森」が増山正弥から、六月二十四日には「生干鯛十枚」が平野長政から、七月十八日には「粕漬鮑一桶・素麺一曲物」が津軽信政から贈られている。烏山から江戸へ向かう道中では、正弥から「御重一組」、「与一」資徳から「糟つけの鯛」の贈答を受けている。信政と資徳からの贈答は津軽家の「江戸日記」でも確認できる。

近郷の諸領主は、宇都宮藩主本多下野守忠平や黒羽藩主大関信濃守増栄、常陸額田藩主松平刑部大輔頼元の他、喜連川犬王丸氏春、大田原隼人政増・頼母清勝、福原内匠資清・猪之吉某が挙げられる。いずれも資弥との贈答が日記に記されている。

この内、喜連川は四五〇〇石の旗本で、当時の当主は昭氏である。宮原主膳義辰の二男であった氏春が、昭氏の娘と婚姻することとなり、七月一日にその「御婚礼」が済んだため、資弥は祝儀品を贈っているのである。

また、一五〇〇石の大田原は那須衆で、当主の政増が六月十日に死去した。同月二十日、資弥は使者を派遣し、香典を届けさせた。政増の跡目は清勝（大村純長の三男）が七月十二日に継いでおり、その三日後に清勝から資弥への使者が遣されている。

三五〇〇石の福原資清も那須衆で、五〇〇石の同猪之吉はその甥にあたる。

こうした諸家との交際を続けながら、資弥は領内の諸寺社へと外出している。四月十日には那須家菩提寺でもある福原玄性寺や三輪村明神、五月十四日は瀧村観音、翌十五日は宮原八幡、七月十四日には興野村地蔵を訪れるなどである。七月五日には、一乗院など十六ヶ寺を烏山城に呼び、城内「大書院」にて御目見を行っている。

もちろん、資弥の外出は単独ではなく、家臣を引きつれてのことである。興味深いのは、その中に、「福原図書」という人物がいることである。幾度か述べているように、福原図書資寛は、資徳が那須家を養子相続した直後、自らが資弥の実子であることを訴え、結果として那須家改易の騒動を起こした人物である。その資寛が、資弥とともに寺院を参詣していること、その供連れとしては家老湊織部の次に記されていることは注目される。「烏山日記」の記録者は「福原図書」に「様」や「殿」の敬称を付けていない。これは、彼が資弥嫡子として扱われておらず、家老より下に位置する一家臣と評価されていたことを意味すると推察される。

その他、「烏山日記」には、資弥名代として家臣が諸寺院を訪れていることや、家臣の役替え、赤坂町彦右衛門縄かけ一件などが記されている。

第三章　那須・津軽家の養子縁組

弘前藩津軽家

那須与一資徳の実父は弘前藩主津軽信政であり、那須家の改易や再興に関して重要な位置にいる人物なので、ここではまず、弘前藩および津軽信政について簡単に述べる（『弘前藩』など参照）。

陸奥国弘前藩は松前藩についで北に位置し、藩主津軽家は分家の黒石藩津軽家とともに、現青森県の西半分を領していた（東半分は盛岡藩南部家とその分家八戸藩南部家の領地）。石高は四万七〇〇〇石で、文化五年（一八〇八）に十万石に昇格することとなる。

藩祖は為信《ためのぶ》であるが、為信やそれ以前のことは不明な点が多く、出自も明確ではない。為信は主家であった南部家と領土争奪戦を展開し、天下統一を目指す豊臣政権への接触を図る中、秀吉から所領を安堵される。これによって、南部・津軽両家はそれぞれ独立した大名として認識され、津軽家は独自の道を歩んでいく。特に、独立のための接触や働きかけは繰り返し行っており、その一つに秀吉への領内産出の鷹献上がある。当時の大名や武将の間では、鷹が非常に重宝されており、津軽は国内有数の産地であった。

為信はその後、秀吉の要請に応じて、天正十九年（一五九一）九戸一揆に出陣。翌文禄元年（一五九二）には朝鮮出兵に伴う肥前国名護屋への参陣を果たしている。慶長五年（一六〇〇）における関ヶ原の戦では、他の奥羽諸大名が会津の上杉景勝包囲に動員される中、為信は関ヶ原に参戦していたようである。

津軽家の本拠は、当初大浦であったが、為信が堀越に移し、さらに高岡での町割り実施と移住奨励を推進した。慶長十二年に死去した為信の跡を継いだのは二代藩主信枚《のぶひら》で、この信枚が慶長十五年一月から高岡築城を開始した。やがてここには、津軽家の家臣も、寺院や神社も、町人たちも移住してくる。そして完成したのが弘前城であり、弘前城下町であった（高岡の弘前改称は寛永五年（一六二八）のこと）。

信枚の代に起きた出来事としては、信枚と対立して反旗を翻した重臣高坂蔵人《こうさかくらんど》の乱（慶長十七年）があり、高坂は謀殺される。慶長十九年の大坂冬の陣では江戸勤番となり、寛永年間には青森の町と港を築いている。

筆者が注目したいのは、福島正則の津軽国替中止である。正則は秀吉子飼いの勇将として知られ、賤ヶ岳の戦などで戦功を挙げた。関ヶ原の戦では東軍の先鋒をつとめ、戦後の論功行賞で安芸・備後両国を得て、広島藩主となる。しかし、元和五年（一六一九）幕府に無断で広島城を修復したことが罪に問われ、信濃国川中島へ国替を命じられたのである。

弘前城天守閣

実は、川中島への国替は当初の予定ではなく、幕府は正則を津軽へ移すことを一端決定した。その関係で、信枚は越後へ国替となることも幕府から命じられていた。ところが、正則は川中島へ、信枚は国替なしとなった。この背景には、信枚自身や家臣たちによる幕府への反対運動があり、家康の養女となっていた信枚妹の満天姫《まてひめ》、また天海らも働きかけていたという。津軽地域は津軽家にとって、地名を姓名として冠する土地であり、離れることのできない「父祖伝来の地」であった。

信枚が生きた時代は決して安泰とした時代ではなく、寛永八年に跡目を継いだ信義も同様であった。正保四年（一六四七）、「正保騒動」が勃発する。これは藩の重臣が信義に反発し、弟信英《のぶふさ》を藩主に擁立しようとした御家騒動である。信義・信英兄弟はそれぞれ元和五・六年生まれで、当時はともに二十歳代後半、信英が幕府旗本として分家独立している中で起きた、家臣間の覇権争いであった。この騒動は藩内で収まり、可能性のあった肥前国五島への国替もなし、信英の後裔は文化六年（一八〇九）に大名黒石藩となる。

弘前藩については、藩公式の日記が記録されはじめたことも特筆される。この「弘前藩庁日記」によって、藩主や家臣・領民、また幕府や諸家との関係などを明らかにすることができる。本書もこれを典拠として成り立っている部分が多い。

現存する日記は、寛文元年（一六六一）六月三日の「今日八ツ半時分、御着城」という記事から始まっている。この日は新藩主となった信政が初めて弘前へ入国した日でもあり、それに伴い、国元弘前で「国日記」の記録が開始されたのである。寛文八年には「江戸日記」も記録されるようになる。なお、寛文元年から同七年までの「国日記」については、『青森県史』資料編近世二で翻刻されており、非常に利便である。

津軽信政と政直

四代弘前藩主津軽信政は正保三年生まれ、父は三代藩主信義、母は側室与曾である。明暦二年（一六五六）に藩主となり、万治二年（一六五九）閏十二月二十七日に「越中守」に叙任される。

幕府は諸領主の領地安堵保証を一斉に発給した、いわゆる「寛文印知」を行っているが、信政も寛文四年四月五日に家綱朱印状を交付されている（国文学研究資料館「津軽家文書」）。そこには「陸奥国津軽郡四万五千石、上野国勢多郡之内弐千石、都合四万七千石」とあり、弘前藩領として確定する。

同年七月には、増山正利の娘である不卯《ふう》姫を正室に迎える。ここに津軽・増山両家の血縁関係が形成される。また、那須資弥は正利の実弟であることから、那須家とも親戚関係となった。前述の通り、正利の姉が将軍家綱の生母であり、増山・那須・津軽家は将軍家の外戚として列なることをも意味した。

信政は宝永七年（一七一〇）に六十五歳で死去するまで、五十五年という長期にわたり藩主の座に就いていた。その間にさまざまな藩政を展開している。寛文蝦夷蜂起事件に対する出兵、領内の交通網・流通網を整備し、検地の実施や銀山・銅山の開発と経営、藩制機構の整備や殖産興業の推進、そして元禄大飢饉への対応。死後は名君として顕彰されている。

増山正弥に関する『土芥寇讎記』の記事はすでに取りあげたが、同書に記された津軽信政評を紹介すると次のようである。

津軽家の風俗は悪く、遠国でもあり、家老に「悪人」がいるので、名のある浪人は津軽家仕官を望まないという。その家老の名は「津軽玄蕃」と「津軽将監」。

また、信政は才智発明であるが、奸智で利欲が深く、利根が過ぎている。文武を非常に好むが、文は、身を修めて心を正しくする学ではない。武も、謀計ばかりで、術（手立て）をもって老中へ取り入ろうとしている。「仁義ヲ学ブ似者」である。「山家」（山鹿）という新参者を寵愛して大禄を与え、名字も与えて家老にしたため、古来からの家老は退任した。「山家」は信政を誑かし、「主君」のようである。信政は

「学者ニ似タル不学者」であると酷評する。

さらに、「世上ノ批判」では「家ニ人ナキト見ヘタリ」と評されている。家老の玄蕃と将監はともに「悪人」である。信政と家老は「君臣合躰ノ悪人」である。このままであれば津軽の「家名」は長く続かないだろうと、世上はこぞって誹謗していると語っている。

信政が死後に名君として顕揚されたことと実に対照的で、非常に辛辣である。

なお、家老の「津軽将監」政実は山鹿素行の養嗣子で、のちに「津軽」の称号が特別に与えられた人物である。「江戸日記」によると、将監は元禄十年七月三日、「病気」による暇が「願之通」に認められた。その願いを信政は最初承引しなかったが、将監の「心底」を尋ね、「書物等相調申度所存」であることから、信政は「兵学之志尤」と暇を与えた。その際、将監は拝領していた「御苗字」と「御名乗之一字」、すなわち「津軽」と「政」の字の返上を願いでたが、信政は「只今迄之通」と、それを認めなかった。翌十一年一月十六日、将監から信政への御機嫌うかがいとして「鱈之筋一折」が「加州」（加賀国）より届けられた。同年五月十六日には、再び将監が「大事之御苗字御名乗字」返上を申し出ており、十二年四月二日の信政参府祝儀に、「山鹿将監」として干鯛十枚を進上している。

さて、信政の息子政直が那須家の養子となるのは、天和三年（一六八三）閏五月一日のことである。ここでは、養子縁組以前の政直について見ていくことにしよう。

津軽家家臣添田儀左衛門の日記に、政直の姿を確認することができる（『近世武士の生活と意識』）。天和元年五月一日から天和三年三月二十日まで、約二年間のもので、その中に「主殿様」として登場している。「主殿様」は江戸に滞在していた。

天和元年十一月三日条によれば、「馬場ニ而火事場より御帰り之行列」があり、それを「大殿様・若殿様・主殿様」が揃って見ている。「大殿様」は藩主津軽信政、「若殿様」は信政嫡子で政直実兄の津軽信寿《のぶひさ》である。

翌天和二年一月一日は元日ということもあり、「若殿様」信寿と「主殿様」政直の兄弟で、信政の「御座間」へ行き、そこで元旦御礼の挨拶を済ませた。二人の挨拶が終わると、津軽玄蕃から唐牛長右衛門に至るまでの家臣たちが続いて挨拶を行っている。

同月十五日には、重要な儀礼があった。「主殿様」の「御名乗ノ字」が決まったのである。それまで「主殿様」と呼ばれてはいたが、諱を持っていなかった。この日、父信政から諱「政直」が与えられ、津軽家中にも伝えられた。

これは家中にも少なからず影響を与えた。「政直」の決定に伴い、「直」という字を使用している家臣は、その使用を「遠慮」するようにという廻状が藩の目付から触れられたのである。おそらく、「政」の方は藩主信政がすでに付けている字でもあるので、これ以前に家臣たちは「政」字使用を遠慮・変更していたと思われる。

名前の一字をもらうことを偏諱を賜るという。実の親もしくは名付け親が子に一字を与えるもので、足利将軍家は「義」、徳川将軍家は「家」、那須家は「資」を、歴代の多くが継承している。吉宗の時代に「宗」、家斉の時代に「斉」の字を名乗る大名が多いのも、将軍から偏諱を賜ったことによる。

政直の場合は、父信政の「政」を与えられたわけだが、兄信寿は「信」の方を使用している。この兄が「信」、弟が「政」を選択されたことにも大きな意味がある。津軽家歴代当主は藩祖為信以来、「信」を継承していた。信寿は嫡子であるがゆえに「信」を名乗る伝統を継いだのである。

養子縁組の辞退

津軽主殿政直は津軽信政の「二男」と記される書物も多いが、実際は「三男」である。

信政は寛文四年に増山正利の娘不卯姫を正室に迎えた。同年の「国日記」閏五月五日条や七月二十九日条によれば、江戸における祝言の吉報が随時弘前へ届けられている。

そして寛文七年八月三日、長男右京が江戸で誕生した。「国日記」によると、同年三月十五日に「御奥様御懐妊之由」が国元へ伝えられ、八月十一日には、同月三日の「若殿様御誕生」を伝える飛脚が江戸から到着した。六月十一日から弘前に帰国していた信政をはじめ、家臣一同での祝儀となった。

しかし、八月二十日到着の飛脚では「若殿様御名、右京様」となることが伝達されたが、九月二十五日の飛脚によると、同月十四日に逝去したという訃報が届いている。生後わずか一ヶ月半であった。こうした早世の子を数えるか数えないかによって、政直が二男か三男かという差が出るのである。

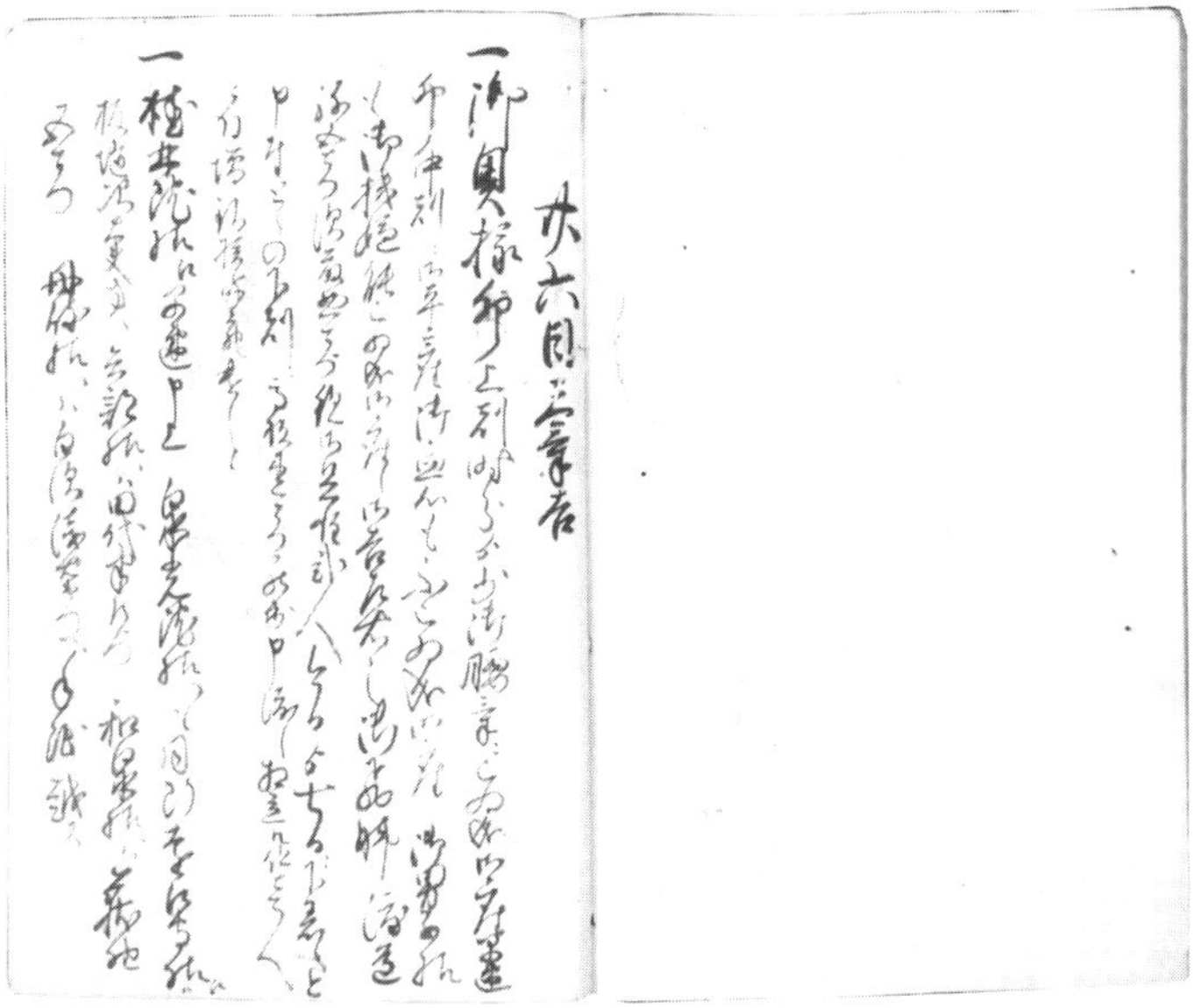

津軽直政誕生を記した「江戸日記」寛文12年7月26日条

長男右京の死去から二年、寛文九年五月二十四日に津軽家の世子信寿が誕生した。記録によると、その場所は江戸柳原にあった津軽家中屋敷であった。信寿は延宝八年（一六八〇）八月二十一日に信重《のぶしげ》と名乗る。この日は綱吉の将軍宣下のわずか二日前で、それに間にあわせる形でもあった。信重が信寿に改名したのは四十四年後、享保九年（一七二四）のことであるが、本書では一貫して信寿で通すこととしたい。

その信寿誕生から三年後、寛文十二年七月二十六日に政直が誕生する。同日の「江戸日記」には「卯ノ中刻ニ御平産」とあり、「御男子様」も「御機嫌能」く生まれ、朗報は早速親戚筋などへ伝えられた。八月三日には「御七夜御祝儀」が催され、那須資弥や増山正弥のほか、七沢雲晴も駆けつけた。この時、「主殿」という「御名」も付けられている。「江戸日記」からは、当日の祝いの献立も判明する。

しかし、翌年五月二十九日、数日前から目眩と腹痛で苦しんでいた、政直の母不卯姫が死去した。不卯姫の死後も、津軽・那須両家は親戚関係として交流が続き、のちに資弥の養子として信政の庶子主殿政直に白羽の矢が立つこととなる。

政直は那須資弥の養子となり家督相続、那須資徳となるが、最初からその道が用意されていたわけではない。驚くことに、最初は信政が養子縁組を断っていたという話もある。

それは『津軽藩旧記伝類』に記されている。同書の解説によれば、明治七年（一八七四）に「津軽旧藩主」承昭《つぐあき》が、下沢保躬《しもざわやすみ》らに対し、津軽家の始祖から明治四年廃藩に至る歴代の要件を諸史料から抜粋・編集することを命じ、「津軽藩旧記類」を明治十年に完成させた。「津軽藩旧記伝類」はその続編に相当し、藩主夫人や家臣たちの列伝を記したものである。那須資徳は「津軽主殿政直」として、津軽家一門の欄に載せられており、「津軽系譜」を典拠としたものと、「土岐氏旧記」を典拠としたものが列記されている。

「津軽系譜」にはこうある。のちに那須家へ養子に行き、「与一資徳」と改めた津軽主殿政直は、寛文十二年七月二十六日に江戸で誕生した。延宝二年一月二十一日に「髪置」（髪の毛を伸ばし始める儀式）が行われ、翌日に将軍家綱の「御簾中」（正室）から祝儀品が下賜された。

「土岐氏旧記」には次のことが記されている。

那須遠江守（資弥）から政直を養子に迎えたいという「御取望」があった。これに対し、信政は「再三再四御辞退」を申し入れた。しかし、資弥は信政「御奥様」の「御兄君」にあたる人物なので、養子の「御無心」を断れず、「御承引」することとした。そこで、信政は政直を側に呼びよせ、自らの「御意」を次のように伝えたという。「この度、那須資弥から政直を養子にしたい要望があり、それは再三に及んだ。政直から見れば叔父のことでもあり、仕方なく承知することとした。しかし、お前は幸せ者である。那須家は「鎌倉以来無双の家筋」なので家柄もよく、「武功の家中」も多いことだろう。随分と大切にするようにに心がけ、那須の家法も守り、恵みを与え、下々の者たちにも非礼をすることのないようにつとめなさい」と諭し、那須家へ養子に行くことが決まった。

肝心な「御辞退」の理由が記されていないが、信政が資弥を嫌っていたとも思えない。考えられることとすれば、二万石の那須家よりも格上の大名家に、近い将来養子として出そうとしたのではないかとの想像ができる。もしかしたら、幕府へ届けていない資弥の実子「福原図書」がいることを信政は知っていて、「再三再四御辞退」したのかもしれない。

いずれにしても、信政が資弥の申し入れを承引したのは、那須家の血筋と家柄であった。信政の嫡子信寿は順調に成長を遂げているので、庶子政直を他家へ出すのに問題はない。那須家はかくれもなき名家であり、「家筋」としても申し分ない。家綱との血縁により厚遇もされていた。

堀田正俊宛養子願書

天和三年閏五月一日、幕府は養子縁組を正式に認可した。同日の「江戸日記」を見ると、それが「願之通」であったことが記されている。ただし、これはあくまでも両家の間での養親・養子関係が成立しただけで、家督を相続したわけではない。

一点、興味深い史料がある。幕府が認可した一ヶ月前の「天和三年亥五月」、差出人は「那須遠江守」、受取人は「堀田筑前守様」とある書状の写である（「那須」三七）。那須家当主であった資弥から幕府大老堀田正俊に宛てたものということになる。正俊は綱吉の五代将軍就任を後押しした人物として知られ、綱吉政権初期政治「天和の治」を支えた実力者であった。

その正俊に対して、資弥が那須家の養子に関することを願い出たもので、二ヶ条からなる。原本の存在は不明だが、結果として資弥の要望通りになったことから、この写と同内容の書状が正俊の手元へ確実に渡ったものと見られる。文中の言葉を引用しながら、内容を紹介しよう（「那須」三七）。

まず一ヶ条目。

「御先代様」（前将軍家綱）が「増山弾正少」正利を召し出してくださり、加増も重ね「御取立」となりましたが、正利は死去してしまいました。そのため、将軍家への「御奉公」もできずにおりましたが、私の実子でもある「同姓兵部」正弥を増山家の養子として命じていただき、家督を相続できましたことは非常にありがたいことです。「私儀」資弥も召し出してくださり、「那須之家へ養子」に入るよう命じられたこともありがたく思っております。

「御当代様」（将軍綱吉）からは、思いもかけず「烏山城地」を賜り、「御加増過分」に拝領することができました。これらはことごとく「御取立」によるものであり、その「御厚恩」は筆紙に尽くしがたいものです。そこで、将軍家に対して、どのような「御奉公」でもつとめようと、常日頃心がけております。

しかし、近頃は「病気」になってしまい、その上、六十歳に及ぶ年齢ともなり、確実に「御奉公」がつとまる体ではなく、ご迷惑をおかけしております。そして、ここに那須家の養子を取ることを願い出た次第です。

次に二ヶ条目。

「津軽越中守様」（信政）には、息子が「両人」おります。その内、「次男主殿」政直は「当年十三歳」になり、「御奉公」がつとまる身となりました。信政は正利の「聟」になるよう命じられたところで、正利が死去しました。そこで、正利実弟である「私」資弥に申しおかれ、「私娘分」にして、信政と不卯姫の「祝言」を調えました。政直はその二人の子なので、正利にとっては孫にあたり、「私儀」資弥も「右之筋目」になります。

一方、増山家を継いだ正弥方にも息子が「両人」おります。その「次男三歳」のため、那須家の養子に迎えたとしても、「大分之御領内」を任せたり、「御奉公」をつとめたりすることができません。

しかも、正利の家督を正弥が継ぎ、また、「私領内」を正弥の次男が継ぐことになれば、増山家も那須家も「私筋目計」になってしまいます。さらに、「三歳之者」を養子にしては「御用」に立つこともかないません。

第一に、将軍家からの「御厚恩」に報いることができず、「養父那須之家も退転」することになってしまいます。「私」資弥が死去したとしても、すぐに「御奉公」をつとめたく存じますので、「津軽主殿」政直を養子に迎えたく、お願い申し上げます。そのようにお命じくださることが、何にもましてありがたいことです。

最初に家綱・綱吉の将軍二代が取り立ててくれた感謝を述べる。次いで、その「御厚恩」に対する「御奉公」の意思を記す。ところが病気や高齢により、それがつとまらないため、養子認可を願い出る。一人目の候補者は津軽家の庶子で、年齢も筋目も適格である。二人目の候補者は増山家の庶子だが、年齢も筋目も問題がある。那須家としては、何よりも「御厚恩」に報いる「御奉公」をつとめたいので、前者を養子に選定したいと懇望している。

正俊は綱吉の側近でもあり、幕臣ナンバー1の位置にあった。資弥は老中らではなく、綱吉に最も近い正俊にこの願書を提出したのである。この養子願いの運動は功を奏したのか、結果として資弥の望んだ通り、津軽主殿政直が那須資弥の養子として認められたのである。

その正式な認可は天和三年閏五月一日で、この書状は前月の五月のものである。津軽信政は、参勤交代により同年三月二十六日に江戸へ到着しているので、四・五月の間に、津軽・那須両家での養子縁組内談が完全にまとまったと見てよかろう。「江戸日記」によれば、四月二十四日に資弥が信政のもとを訪れていることが確認できる。五月十七日には、資弥が新たに召し抱えた家老湊助左衛門が信政の御目見を得ている。

なお、正俊は一年後の貞享元年（一六八四）八月二十八日、従兄弟でもある若年寄稲葉正休によって、江戸城内で刺殺されてしまう。また、天和三年当時は「三歳」であった増山正弥の「次男」は、のちに分家独立する増山大学正元となる。

そして、養子縁組決定後、津軽家屋敷ではその祝宴が開催されている。政直は実父信政や実兄信寿とともに江戸の津軽家屋敷に滞在していた。

信政はすぐに御礼廻りを行い、諸品を贈っている。縁組相手の那須資弥、縁戚筋にあたる増山正弥・平野長政や泉光院（政直の曾祖母）などが主な相手であった。

そして、「江戸日記」を見ると、江戸の町人が政直の養子縁組に関する祝儀品を届けていることもわかる。天和三年閏五月四日には四十三人、翌五日には十七人、両日あわせて六十人に及ぶ江戸町人が津軽家屋敷を訪れている。

注意しなければならないのは、政直の那須家養子入りが決まったものの、「主殿政直」のまま、依然として津軽家屋敷を生活拠点としていることである。寛文十二年生まれの政直は、この当時十二歳。まだ若年という要素もあるだろうが、津軽家「江戸日記」を通覧していくと、さまざまな両家間の儀礼を経て、那須家へ移っていったと見られる。

那須与一資徳に改名

まず最初に行われた儀礼は、那須家屋敷訪問と対面、それに伴う改名と衣服改めである。

これは「江戸日記」天和三年閏五月九日条に見ることができる。政直は、実父である津軽信政、三歳年上の実兄信寿と、三人連れ立って那須資弥の屋敷を訪れた。そこでは、政直や信政が、資弥とその妻（土井利勝の娘）に太刀目録や干鯛などを渡している。

続いて、「主殿様御苗字御改」と「御紋付之御衣服被　召替」が行われた。この時まで、政直は「津軽主殿政直」であったが、実父信政や養父資弥ら両家が居並ぶ中で、「御苗字」が改められ、「那須主殿政直」に変わることとなったのである。

また、政直はその場で、「御紋付之御衣服」すなわち那須家の家紋が入った衣服に袖を通した。津軽・那須両家への御披露目も行われたのであろう。改名と「召替」は、津軽家の人間から那須家の人間へと変わる重要な儀礼であった。

さらに、政直は資弥夫妻へ改名・「召替」に伴う御礼品を渡している。その目録に政直はあえて「御苗字御名付」を記していなかった。これは「御苗字御名御改」が無事に済んでから記すことを前提としていたためで、おそらく「那須主殿」と「御名付」を行った。目録に名を記すための「御右筆」をわざわざ引き連れてきており、「御右筆」は「御名付」の「御用済次第」、すぐに津軽家屋敷へ戻っている。

ちなみに、同日条には「主殿様御供廻儀、今迄之通ニ可申付事」という記述もある。当時の津軽家家臣の中には、信寿付き専従や政直付き専従の家臣も存在していた。それぞれ「若殿様附」や「主殿様附」として登場する。この日、政直は「今迄之通」の「御供廻」、すなわち「主殿様附」を引き連れて那須家屋敷を訪れたのである。

これで、那須家屋敷における資弥との対面、那須への苗字改め、紋付衣服召替の儀礼が滞りなく終了した。

ところが同日、政直はそのまま那須家屋敷に留まったわけではなかった。信政・信寿とともに、津軽家屋敷に帰宅している。つまり、那須家屋敷への永続的な居住にはならず、「那須主殿」として元の屋敷に戻ったのである。

翌十日、津軽家屋敷内は再び祝儀一色に包まれた。初めて政直が那須家屋敷に入ったことに対して、家中あげての祝儀となったのである。津軽家の家老などが政直に献上品を贈り、政直は彼らに時服や金銭を与えた。また、政直は縁組認可時同様、泉光院・増山正弥・平野長政との間でも祝儀の贈答を行っている。

そして、同月十一日、政直と那須家家臣との対面儀礼が行われることとなった。これもきわめて重要な儀礼と思われる。資弥の「御家類」佐藤彦兵衛・湊大蔵両名が、（おそらく津軽家屋敷において）政直に直接「御目見」を済ませ、太刀目録等を献上している。その際、政直は手ずから熨斗を両名に渡した。こうした御目見と献上・下賜という儀礼行為によって、那須家の養子となった政直と、家老佐藤・湊との間で、新たな主従関係が形成・確認されているのである。

それから一ヶ月後の六月十二日、資弥は政直に「御名乗字」を与え、「資徳」に変更することが決定された。理由はこの日が「吉祥」であるためとしている。政直が津軽家屋敷を出立したのが「申刻」(午後四時頃)、「資徳」となって再び津軽家屋敷に戻ったのが「酉ノ刻過」(午後六時過ぎ頃)。わずか二時間のことであるが、戻ってきたことが「御帰」と記されている。依然として生活拠点は津軽家屋敷のままであった。しかも、この往復の供連れもまた、津軽家家臣で構成されていた。すなわち間宮求馬や、平沢左兵衛・野呂嘉左衛門・福士小左衛門・石郷岡八九郎・歩行三人らで、以前と何ら変わることはなかった。

この日をもって、「那須主殿政直」から「那須主殿資徳」に改名することとなった。残すは「主殿」が「与一」に変わることのみである。「江戸日記」を通覧すると、「与一」の初見は天和三年七月十日条、「那須与一」としての初見は翌十一日条である。

では七月十・十一日頃に何があったのか。実は、資徳が初めて将軍綱吉の御目見を得たのが七月十一日であった。この綱吉御目見をもって、「那須与一資徳」と名乗るようになったと考えられる。当時の大名や旗本にとって、将軍の御目見を得ることが非常に重要な行為であったのである。

以上見てきたように、「津軽主殿政直」は天和三年閏五月一日の養子縁組幕府認可後、改名を繰り返したが、それは儀礼行為を伴うものであったと位置づけられよう。同月九日の「御苗字御改」によって「那須主殿政直」、六月十二日の「御名乗字」改めで「那須主殿資徳」、七月十一日の初御目見を契機として「那須与一資徳」と称したのである。

資徳の居場所と婚約

注目したいのは資徳が那須家屋敷に移る時期であるが、綱吉の御目見を済ませても、津軽家屋敷に滞在したままであった。津軽家の「江戸日記」貞享四年五月一日条には、次のようなことが記されている。資徳は「卯刻」(午前六時頃)、那須資弥の屋敷を訪れ、さらに増山正弥を同道して江戸城に登城した。資弥と正弥は実の親子であるため、資弥は実子と養嗣子とともに、揃って登城したことになる。毎月一日は惣出仕日に指定されていたための登城であったが、資徳は帰城後、そのまま那須家屋敷へ向かった。津軽家屋敷に戻ったのは「未之下刻」(午後三時頃)であるため、おそらく昼食は那須家屋敷で振る舞われたものと思われる。資徳の往復に付き従ったのは、山田浅右衛門・野呂嘉左衛門・長尾三郎左衛門らである。

このように、「江戸日記」には資徳の出立刻限と帰宅刻限が記されており、また「御帰」とも表現されていることから、依然として津軽家屋敷を拠点に行動していたことがわかる。資弥と資徳は養親・養子の関係が結ばれたとはいえ、生活拠点は別々であった。資徳は資弥の屋敷をたびたび訪れているが、必ず戻ってきている。

さらに、山田・野呂・長尾らは津軽家の家臣であり、附属する家臣もいまだ津軽家中の者たちで構成されていた。出立・帰宅刻限まで詳細に記すことができるのも、資徳が津軽家屋敷を拠点としているからこそである。

大名や旗本の家臣団について、名前や役職・知行高などを一覧にしたものが「分限帳」である。資徳の養子縁組が決まった天和三年から那須家の家督を相続する貞享四年までの那須家「分限帳」は不明だが、津軽家側に貞享二年の分限帳が残されている。「妙心院様御代御家中分限帳」(『青森県史』資料編近世二)というもので、「妙心院」は津軽信政の法号である。

これを見ると、先の山田浅右衛門は「御手廻組外」、野呂嘉左衛門と長尾三郎左衛門は「若殿様附」として記載されている。彼らは明らかに津軽家から知行を得ている家臣たちであった。さらに、「与一様附御徒士」として、佐藤角右衛門・広田伝之丞両名があげられている。資徳専従の徒士もまた、津軽家から付けられていた。

ただし、実父津軽信政や実兄津軽信寿とともに、同じ津軽家屋敷を拠点としていたが、その内部における生活空間は異なっていた。信政・信寿・資徳は互いに屋敷内を移動し、対面していた。たとえば、信政や信寿が資徳のもとへと訪れた際、「江戸日記」にはそこが「御部屋」と記されている。資徳は津軽家屋敷内に「御部屋」を有していたのであり、そこに居住していたと思われる。おそらく、那須家との養子縁組を結ぶ前から使用していた部屋であろう。

結果として資徳が那須家屋敷へ移るのは貞享四年六月である。養子縁組後も、約四年間にわたり、津軽家屋敷内の「御部屋」に滞在しつづけていたのである。

そして、その間には信寿や資徳の婚姻が進められた。

信寿の婚約は貞享二年七月九日で、元禄元年（一六八八）に白河新田藩二万石として分家独立する松平宮内大輔忠尚《ただなお》の娘が相手であった。これは、那須資弥へも湊織部を通じて伝えられている。九月十一日には「御結入」（結納）となり、婚礼の「御入輿」は烏山騒動連座の影響もあって、六年後の元禄四年十二月十一日であった。

資徳の婚約は、信寿と同年の貞享二年十二月十二日で、相手は陸奥中村藩六万石の相馬弾正少弼昌胤《まさたね》の妹である。同日、江戸城に登城した那須資弥は、養子資徳と昌胤妹との縁組が「兼而御願之通」に幕府から命じられた。同年九月十二日に、昌胤が在所の雁を信政に贈っているが、『相馬藩世紀』によると、この九月十二日は那須・相馬両家婚姻の「御内縁」が調った日であった。昌胤妹の名は「お蘭」であり、両家の「御取持」は松平頼元と久保玄貞がつとめていた。同年十月二十七日、資徳・お蘭の縁組願書が幕府老中大久保忠朝へ提出されているが、相馬家側からは土屋主税逵直、那須家側からは中山勘解由直守がそれを担っていたことがわかる。

貞享三年七月二日には、常陸額田藩二万石松平刑部大輔頼元の娘である昌胤妻と、婚約相手である昌胤妹（お蘭）に、贈答品が渡されている。翌日、昌胤は頼元らとともに、津軽家屋敷へ「初而御出」となり、信政は那須資弥・増山正弥・土井利知・平野長政と彼らを迎えた。同六日には「御結入」も執りおこなわれた。さらに、同年八月二十六日、資弥と資徳が揃って、相馬家屋敷を初めて訪れた。昌胤が那須家屋敷を訪問した九月十二日には、信寿・資徳も同所で対面している。

これらの往来は、津軽家の「江戸日記」だけではなく、『相馬藩世紀』からも確認できる。七月一日に信政・資弥・資徳が相馬家屋敷へ初訪問し、同月七日には「御使者湊織部」が資徳からの「結納之御祝儀」を相馬家へ届けている。八月二十六日には、昌胤が資弥・資徳を自邸に招いて、「中嶋来御刀」を資徳へ贈り、九月十一日には、逆に昌胤が那須家屋敷へ招かれているのである。

資徳は十月四日に頼元の屋敷で振る舞いを受け、その翌日に頼元妻から「昨日始而御逢」いしたことにより、干鯛一箱が贈られている。

こうして、婚約を通じて昌胤や頼元との親交が深められていったが、資徳とお蘭の婚姻は成立しなかった。後述するように、資徳はのちに改易となる。しかし、その浪人中、お蘭はいまだ嫁せずして死す」(『寛政譜』)となったためである。ただし、彼女が死去するまでは、資徳の浪人中も婚姻は破棄されておらず(元禄元年十二月四日条)、昌胤・頼元と信政の間での進物贈答は続けられていた(元禄二年三月三日、三年六月十五日・七月二十六日・十二月二十六日条など)。お蘭は元禄三年三月に「お幸」と改名したが、翌四年四月頃から不快となり、「漸々御重病」の状態が続き、七月六日に「御歳十八」で死去している(『相馬藩世紀』)。

第四章　那須家改易と津軽家閉門

家督相続

養子縁組から相続までの四年間、津軽・那須両家の往来は非常に活発であった。天和四年＝貞享元年（一六八四）の事例を四つ示そう。

一月二十六日、津軽家から那須資弥に宛てて贈答品が渡された。国元「御在所之干鮭五本」で、資弥の「御好物」という理由によるものであった。地元の産物で、しかも相手の好物、最高のプレゼントといえよう。干鮭とともに手紙も添えられており、差出人は津軽家家臣の唐牛甚五左衛門、宛先は那須家家老の佐藤彦兵衛・湊織部である。

五月一日、資徳は実兄津軽信寿と同道して、「池ノ端」にあった那須家の下屋敷を訪問した。これは資弥の招待によるもので、理由は下屋敷が「躑躅盛」となっており、「御慰」として信寿・資徳に見せるためであった。兄弟二人は「巳刻」（午前十時頃）から「申下刻」（午後五時頃）まで滞在し、ともに津軽家屋敷へ帰った。

八月三日、資弥が信寿へ「御在所之焼鮎」を贈っている。

十一月二十一日、信寿が資弥の屋敷へ行き、二人同道して江戸城に登城した。これは将軍綱吉から領地朱印状の交付を受けるためである。さらにこの日、信寿と資弥は帰城後、平戸藩主嫡子の松浦壱岐守棟《たかし》も伴い、側用人牧野備後守成貞・老中大久保加賀守忠朝・側用人喜多見若狭守重政・老中阿部豊後守正武・若年寄秋元摂津守喬知・老中戸田山城守忠昌・若年寄堀田対馬守正休・寺社奉行本多淡路守忠周《ただちか》・奏者番牧野因幡守富成《とみしげ》といった、幕閣への挨拶まわりもともに済ませている。

このような事例は非常に多く、津軽・那須両家は、養子縁組を契機として親密な交際を継続していたのである。

那須家の養子となった資徳の津軽家屋敷滞在は四年間も続いたが、貞享四年六月、事態が慌ただしくなり、資徳は急に那須家屋敷へ引っ越すこととなる。

貞享四年六月十八日、資弥が急病に見舞われたのである。寛永五年（一六二八）生まれの資弥は、この年すでに七十歳となっていた。

そこで、資徳は那須家屋敷へ急行した。同日の「江戸日記」には、「与一様御儀、当分遠江守様へ御引越」とあり、それを命じたのは津軽信政であった。また、資弥の家老湊織部からの指示により、資徳の「御引越」に津軽家の家臣六人も同行している。野呂嘉左衛門・長尾三郎左衛門・野呂半十郎・横山弥大夫と徒二人である。

つまり、結果的に資徳の引越日は貞享四年六月十八日となったが、これは前もって定められたことではなかった。資弥の容態不良という急変を契機としたものであった。しかも「当分」と、永久的なものとしては認識されていない。容態が快方に向かえば、資徳や随従した家臣たちは、再び津軽家屋敷に戻る可能性も残されていた。

翌十九日、信政は「少々暑気ニ御痛」という体をおして、那須家屋敷を訪れた。資弥の容態が重くなり、平野長政・増山正弥と同所で「御相談」をするためであった。資徳の相続を含めた、那須家の今後の相談であろう。信政は泉光院のところへも向かっている。

しかし、同月二十五日に資弥は死去した。そのため、資徳はそのまま那須家屋敷に滞在しつづけ、やがて家督を相続することになる。資弥や資徳と同時代を生きた、戸田茂睡の『御当代記』には、貞享四年「此秋病死之仁」として、那須遠江守資弥の他、細川若狭守利重・織田信濃守秀一・内藤出羽守正俊・渡辺源蔵隆があげられている。

そして同年八月二十五日、資徳の那須家家督相続が幕府に認められる。このことは津軽家の「江戸日記」にも、「那須遠江守様御跡式無相違被　仰付之」と記されており、信政・信寿は幕閣の面々のところに出向き、資徳の実父・実兄として御礼廻りを行っている。

ここで注目したいのは、資徳付きとなっていた津軽家家臣の動向である。資徳が那須家屋敷に移れば、彼らは津軽家に仕えるのが本来である。しかし、資徳に従って那須家屋敷に移った者が複数いた。彼らは「与一様御附」となって、以後の資徳を支えることとなる。

岩田衛門兵衛はその代表であろう。岩田は資徳の守役で、貞享四年七月九日すなわち資弥の死去直後に、信政に呼び出され、三百石に加増され、資徳に付いていくことが命じられた。彼はこの後も引きつづき資徳に仕えており、後述するように、資徳の浪人中を支え、那須家再興にも重要な役割を果たすこととなる。

一方、資徳の中間には暇が与えられた。家督相続前、貞享四年八月十七日の「江戸日記」によると、「与一様御中間」について、特段の用向きがなければ、その者が「江戸者」である場合は暇を取らせ、弘前藩の「御国者」であれば国元へ戻すようにと、津軽家家老が指示している。

こうして、那須資徳は那須家屋敷に移り、資弥の法事を済ませ、家臣も整理した。その中で、那須家旧来の家臣との対面儀礼も執行されている。

貞享四年八月十六日の「江戸日記」によると、信政が資徳に対して「芝肴一折」を贈っている。この日、資徳が初めて那須家屋敷の「表」に入ることになり、その「御祝儀」のためであった。屋敷内において、当主が政務や日常生活を行う空間を「奥向」といい、当主が家臣と接し、家臣が政務を行う空間を「表向」という。資徳が「表向」に入ったということは、初めて那須家中の者たちと公的に謁見を行ったことを示す。これは、新たに当主となった者と旧来からの家臣との主従関係を構築する、きわめて重要な儀礼である。

それから九日後に、資徳は那須家を相続することが幕府に公認され、名実ともに那須家当主となったのである。しかし、それも束の間、二ヶ月後に御家騒動（通称「烏山騒動」）が起こり、那須家は改易となるのである。

福原資寛の愁訴

貞享四年十月十四日、幕府は那須資徳に対して、改易・領地没収という処分を下した。ここに那須家は、三度目の改易となったのである。

まず、戸田茂睡『御当代記』の記事を見てみよう。

那須与一資徳は津軽越中守信政に「御預ケ」、福原図書資寛は平野丹波守長政に「御預ケ」となり、津軽家は「閉門」処分となった。資寛は那須遠江守資弥の「実子」であり、「当年廿四五」歳であった。しかし、資弥は「実子無之由」ということを幕府に伝えており、「津軽越中守が二男を養子」に迎えた。資弥が病死した後、資徳が家督を相続したが、資寛への「あてがい」も悪く、その上、追い払おうという意図があった。そのため、資寛は「うへの、宮様へ訴状」を提出し、この経緯を上申した結果、処分が決まった。また、同十八日には、「那須与一屋敷」が「松平因幡守」（信興）に与えられた。

これに関して、『御当代記』の校注者塚本学氏は、注記を加えている。すなわち、「那須衆として旗本家であった家に、家綱生母おらくの弟が養子に入り、那須遠江守資弥として下野烏山二万石の大名となり、なお立身を願う動きが目についたが、実子のひとりを増山家の養子としたほか、なお一人の実子福原図書資寛の存在を隠して、弘前城主津軽家から養子を迎えたのが咎められて、大名家としては廃絶。この養子資徳はのち千石の旗本として復活。「うへの、宮様」は寛永寺門跡天真法親王で後西院の子。一件が資寛のここへの愁訴によって発覚したことは、門跡の役割の一面を示す」と述べる。

そして、閉門となった津軽家では、同日の「江戸日記」に次のように記録している。

津軽家屋敷に大久保加賀守忠朝・阿部豊後守正武・土屋相模守政直の幕府老中奉書が届けられ、信政に対して、「御用之儀」があるため老中戸田山城守忠昌のところまで出頭するようにということが命じられた。即刻、信政は戸田宅に出向き、閉門が申し渡された。

那須資弥の「御実子」という福原図書資寛なる人物が、烏山から江戸に出てきて、上野寛永寺の浄圓院に滞在していた。増山兵部少輔正弥と平野丹波守長政は、資寛のことを「色々御なため」たけれども、資寛は承引しなかったので、幕府老中に伺いを立てることとなった。そして今日、老中が揃う中で以下のことが命じられた。資徳を資弥の養子とした際、資弥に実子があるのを知りながら、資徳を養子に遣わしたことは「無調法」と将軍綱吉が判断した。そこで、資徳は領地召上とするが、資徳自身は若輩であるため経緯は知らなかったであろうから、信政へ「御引取」とし、信政には「御閉門」の命が下った。

愁訴にあたり、資寛が寛永寺を頼みとしていたことは、「御当代記」と一致し、注目に値する。また、資寛は不遇に不満があったのであるが、異母兄でもある増山正弥と、叔父にあたる平野長政とが、なだめて説得しようとした。しかし納得せず、老中、さらには将軍綱吉の耳へと伝わることとなった。

なお、平野長政は増山正利・那須資弥とは異父（七澤作左衛門）兄弟で、明暦二年（一六五六）に家綱の仰せにより、大和田原本五〇〇〇石の旗本平野長勝の養子となった。平野長勝の父長泰は、「賤ヶ岳七本槍」に名を連ねる人物である。

後年の写ではあるが、先にも紹介した「遠江守様御代　烏山城内家中屋鋪図」（「那須」三四）というものがある。これは烏山城下の屋敷図で、「遠江守」すなわち那須資弥の時代、天和・貞享期の状況が描かれている。

中世・戦国期の烏山城は山上にあったが、近世の那須家は山麓の「三ノ丸」を生活拠点とし、そこが政治の中枢であったという。その「三ノ御丸」のすぐ隣に、「福原図書」の名を見ることができる。藩主資弥は、福原資寛に屋敷を与えていたのであり、しかも他の那須家家臣に比して広大である。実子と公的には認めていなくとも、優遇していたことは間違いないといえよう。

注目すべきは、資寛の起請文が現存していることである（「那須」四四）。作成したのは「福原図書」、日付は「天和三年癸亥七月二日」とある。すなわち、那須資弥と津軽政直の養子縁組が幕府に認可されてから、わずか二ヶ月後に記されたものである。前述のとおり、七月二日段階ではすでに「那須主殿資徳」に改名しており、その数日後に綱吉の御目見を得て「与一」を称することとなる。

その「起請文前書」には、次の二ヶ条が記されている。一条目は、「殿様・主殿様御事御為一筋大切奉存、

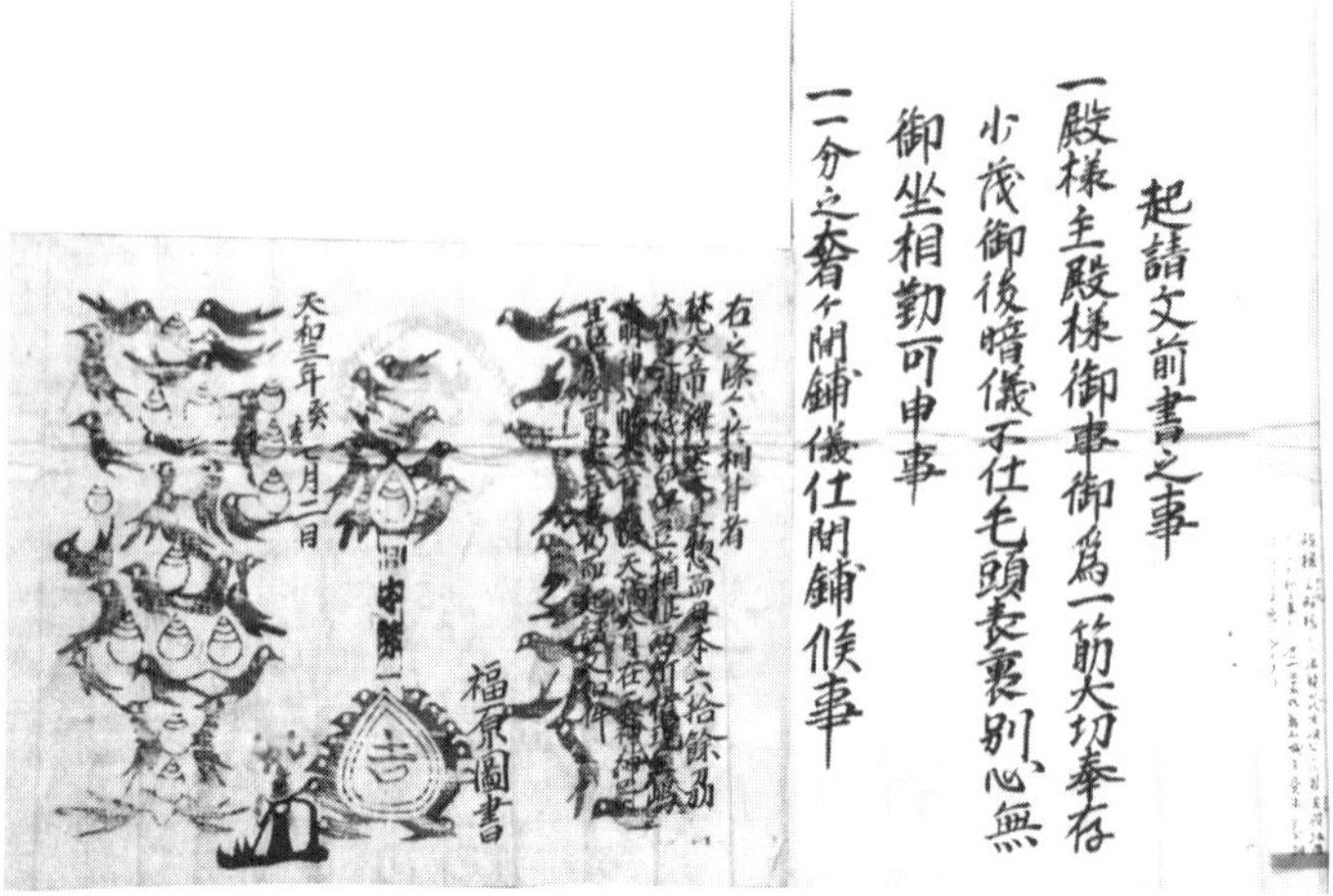
起請文前書之事
一殿様主殿様御事御為一筋大切奉存
少茂御後暗儀不仕毛頭表裏別心無
御坐相勤可申事
一分之奢ケ間鋪儀仕間鋪候事

福原圖書

福原資寛の起請文（「那須」44）

少茂御後暗儀不仕、毛頭表裏別心無御座相勤可申事」。二条目は、「一分之奢ケ間鋪儀仕間鋪候事」。わざわざ「殿様」資弥と「主殿様」資徳に対して別心なくつとめます、また驕奢な振る舞いはしませんと、忠臣を神仏に誓わせているのである。他の那須家家臣にも起請文を書かせたかもしれないが、那須家にはこの「福原図書」による一通しか残されていない。資弥にとっても、資徳にとっても、資寛は厄介な存在となる可能性がある。家督争論を引き起こさせないために、資弥・資徳に対する資寛の起請文が作成されたのである。

また年不詳、四月二十六日付けの佐藤彦兵衛宛福原図書資寛書状（「那須」四二）がある。資寛の花押がおされており、佐藤彦兵衛は那須家の家老である。

この書状で、資寛は那須家の「御為」に身命をかけることを誓い、これまでの恩義に対する感謝を述べ、「奢かましき儀」は全くないことを記している。当時、資寛は烏山、資弥と彦兵衛は江戸に滞在していたようで、資寛から資弥への「御取成」を彦兵衛に依頼しているのである。年代は確定できないが、資徳の養子縁組前後、天和・貞享期のものとみて間違いなかろう。

史料的な実証は難しいが、おそらく資弥の死後、資寛の立場はより微妙になり、従来のように遇せられることがなくなり、単純にいえば優遇から冷遇へと変化した。それに対する不平が充満し、資寛は母とともに愁訴に出たのではないかと考えられる。後年の編纂物ではあるが、「津軽編覧日記」や「封内事実秘苑」（いずれも八木橋文庫）には、資寛が三〇〇〇石の分知を願い出ていたことが記されている。事実としても、それが妥当なところかもしれない。また『徳川諸家系譜』は、資寛の愁訴は那須家遺領相続の問題で、資徳との「家督相論」であったとする。

そもそも、なぜ資弥は実子の正弥を増山正利の養子に差し出したのであろうか。出してしまえば、那須家を継ぐ実子がいなくなってしまう。これは難しい問題だが、資弥の認識が鍵となる。資弥は前述の通り、正利の実弟であり、かつては増山高春と名乗っていた。承応元年（一六五二）に那須資景の養子となり、のちに家督を相続し、那須家断絶の危機を救った。それからわずか十年後の寛文二年（一六六二）、今度は増山家断絶の危機に際して、那須家から増山家へ養子正弥が入ることとなった。相互に養子を出しあったのである。

幕府宛上申書

改易に至るまでの詳細な経緯を伝えてくれる史料がある。那須家に残されたもので、「辰四月日」の日付がある。すなわち、津軽家の閉門が解かれた元禄元年（一六八八）四月の書状だが、差出人および受取人の名は記されていない。

これを収録する『栃木県史』は、「津軽信政より那須家改易一件につき幕府への上申書」という表題を付し、「筆者の署名も宛先きもないが、那須家の赦免・再興を願い運動し続けていた資徳の父信政のものと推定される」と解説している。しかし筆者は、平野長政に「丹波守殿」という敬称を付ける一方、那須家の「遠江守」・「与一」・「図書」には全く敬称を付けていないことから、那須家の家臣によるものではないかと考える。史料自体も那須家で保管されており、信政が知るよしもない情報が含まれている。

さて、その「上申書」の内容であるが、驚くことが記されている。若干眉唾ながらも、福原資寛の出自や経歴が述べられた数少ない史料なので、ここで紹介しよう（「那須」四一二）。

那須遠江守（資弥）儀実子乍在之押掠置、養子之願申上候段、不届被為　思召候由ニて、与一（資徳）儀も領知被　召上候、図書（資寛）事慥成実子之様ニ達　御公儀様申候は、乍恐御尤至極奉存候、然共遠江守心底は　御公儀様奉重シ、毛頭御後闇義仕間鋪心底ニて、養子之願申上候、子細は図書事十年以前未ノ年（延宝七）其身廿三罷成候節、遠江守実子之由訴状差出申候、其段遠江守承中々落たね可有之存当り無御座候由ニて取上不申候処、片山伯耆と申牢人、図書母と入魂、何をか申合取持、平野丹波守殿（長政）へ罷出、河合善兵衛様御立合、遠江守年寄共之内岩上八郎兵衛・板垣次太夫と申者をも呼被申、伯耆ニ様子被相尋申分、遠江守方へ被申越候処ニ、遠江守中々実子と不存候、子細は先年深川法乗院閑居へ罷越候節、其近所ニやもめ女娘を持、遊女か何かの様ニて罷有候、家来林益庵・平井友悦と申牢人医者ニ、近習之者少々召連参候て見物仕罷帰候、曾て言葉をもかけ不申候、其段益庵・友悦自分之不作法を不隠申聞候、尤益庵・友悦義ハ法乗院より遠江守罷帰候跡ニ残りたわふれ申候、廿三年迄近所乍罷有其段不申出、此度申出段、益庵・友悦死去仕候を存候ニ付て、唯今申出候、中々存も不寄儀之由申候て、承引無御座故、善兵衛様ニハ御立入も無御座候、然所ニ丹波守殿相談ニて兎角彼者　御公儀様迄も可申出と申候由、左様ニ候てハ若御尋之節、子ニて無之様子申分も外聞悪敷候間、兎角召出家来ニ仕、常々様子覚悟をも見届了簡可然由ニて、丹波守殿へ預ケ差置候、其後酉ノ年（天和元）烏山拝領仕、遠江守彼地へ罷下候節、図書事丹波守殿より烏山へ差下し候ニ付、江戸、烏山家中之者一意仕、遠江守ニ一子も無御座候間、何者ニても丹波守殿取持ニ候間、図書事実子ニ相極候様ニと可申出内談仕候処、先達て遠江守承、以外立腹仕、何者之子ニ候哉不知者を何とて　御後闇実子と可相極候哉、就中我等儀は、御三代迄御取立被下罷有候、其御厚恩失念仕一子無之とて、御後闇義可罷成候哉、家中之者共差越たる義申合段不届千万之由申候て立腹仕、其節目付役仕候者両人牢人申付、家中之者共へハ右之段申渡候故、遠江守申所何も尤ニ存、任其意罷有候、其後城下ニ出火之節図書も類火ニ逢申候得共、自分之屋敷を差置詰場へ相詰申候、其段遠江守江戸ニて承、為褒美以書付加増百石為取、都合弐百石ニ仕、足軽抔少々預ケ置申候処ニ、其後様子心入不覚悟者ニて候故、無間足軽を取上申候、其後家来共ニ申付神文申付差置候、扨養子之義増山兵部世倅も御座候得共、兵部義ハ弾正養子ニ被　仰付候間、弾正（正利）孫子与一を養子ニ可奉願筋目之由ニて、亥ノ年（天和三）ニ与一事願候処ニ無相違被　仰付候、右之通ニ御座候故遠江守及末期候迄何之沙汰も無御座、兵部抔ニも為逢不仕、死去仕候、右之分共ニて御座候得は、養子奉願上候義ハ毛頭　御公儀様を奉軽シ、御後闇儀仕心底ニて無御座候処ニ、御後闇儀仕候様ニ罷成申候段残念ニ奉存候間、遠江守存入之趣少成共披露仕度念願迄ニて、如此御座候、以上

［現代文訳］

那須資弥に実子がありながら、これを隠しおいて、養子願を出したことは不届とされ、資徳も領地召上げとなりました。しかしながら、資弥の心底は、「御公儀様」を尊重しており、後ろ暗いことは全くない中で、養子願いを提出しました。

その子細は、十年前の「未ノ年」（延宝七年）、資寛が二十三歳の時、実子であるという訴状を資弥に差し出しました。しかし、資弥は資寛が落胤であるという心当たりはないと、取りあげようとはしませんでした。

その頃、片山伯耆という「牢人」が資寛母と入魂になり、何かを申し合わせ、平野長政のところへ向かいました。河合善兵衛様が立ちあい、資弥家臣の岩上八郎兵衛・板垣次太夫も呼ばれ、伯耆に事

情を尋ねましたが、実子とは思えませんでした。

先年、資弥が江戸深川法乗院の閑居へ行った際、近所の寡婦が娘を携えており、遊女か何かのように見えました。家来の林益庵、平井友悦という「牢人医者」、そして近習数人を引き連れ、見物して帰りましたので、言葉もかけませんでした。益庵・友悦は、資弥が法乗院から帰った後もそこに居残り戯れたと、自身の不作法を隠さず話したのです。

それから二十三年間、資寛は実子であると申し出てきませんでした。申し出たのは、益庵・友悦が死去したためです。思いもよらなかったことであり、資弥は承引しなかったので、河合善兵衛様の「御立入」もありませんでした。

しかし、平野長政殿に相談したところ、資寛のことは、とにかく「御公儀様」へ申し出るべきということでした。そうした場合、もし「御尋」があれば、実子でないという申し分は外聞が悪いので、まずは召し出して「家来」とし、常日頃からその様子を見届けた方がよいということとなり、長政方へ預けおかれました。

その後、「酉ノ年」（天和元年）に烏山を拝領し、資弥は烏山へ下った時、資寛も烏山へ行くこととなりました。そこで、江戸と烏山にいた那須家家臣たちは「一意」となり、資弥に一子もいないので、資寛が何者であろうとも、長政殿の「取持」でもあるから、資寛を「実子」に決めようと内談していました。

しかし、それを耳にした資弥は、「誰の子かわからない者を、なぜ後ろめたいまま「実子」にしなければならないのか。とりわけ那須家は、家光・家綱・綱吉の「御三代」に至るまで「御取立」下さっている。その「御厚恩」を忘れ、一子もいないからといって後ろ暗いことをするのか。家中の者たちがそのようなことを申し合わせるとは「不届千万」である」と立腹しました。この時、二人の目付役は「牢人」処分となり、家臣たちへは右のことを申し渡しました。

のちに、烏山城下に火事があり、資寛の屋敷も類火に及んだ際、資寛は自身の屋敷を差しおいて、詰め場所へ詰めていました。それを資弥が江戸で耳にし、褒美として百石が加増され、都合二百石、足軽なども預けおかれました。ところが、その後の様子や心入れは「不覚悟者」であったので、足軽を取り上げとなったのです。

さて、那須家養子の件は、増山兵部正弥に息子もいますが、正弥は正利の養子として命じられているので、正利の孫にあたる資徳を養子にするのが筋目であろうと、「亥ノ年」(天和三年)にそれが認められました。

以上の通りで、資弥が末期に及ぶまで「何之沙汰」もなく、そのまま死去しました。資徳を養子として迎えることを願い出たことで、「御公儀様」を軽んじるつもりは一切なく、後ろめたいような心底もありません。後ろめたいことがあるように思われてしまうことは非常に残念です。資弥の「存入之趣」を少しでも「披露」したいという念願で、これを認めました。

岩上八郎兵衛・板垣次太夫はたしかに那須家の家臣であり、家老クラスの位置にあった。
また、「様」の敬称が付けられている者として、河合善兵衛が登場する。当時、川井（川合）善兵衛を名乗る者に、幕府の弓矢鎗奉行をつとめた政信がいる。「江戸日記」寛文十三年五月二十六日条によれば、津軽家江戸屋敷へ来た「御客」の中に「七澤雲晴様・平野丹波守様・河井善兵衛様」の名があり、以前から信政や長政らと親しき仲であった。その善兵衛が立ち合った際にも、資弥は資寛を実子と認めず、幕府の沙汰には及ばなかった。

しかし、いまだ資弥に嫡子がいないことから、資寛を実子と認めよう、すなわち次期藩主にしようという那須家の家臣たちと、それを一切認めない藩主資弥の対立の構図となった。結果、資弥の考えが通り、資徳の養子願いを幕府へ提出したのである。

また、親戚筋にあたる平野長政が、資寛の身の上を非常に気遣っていることがわかる。資寛自身を一時期預かっており、資弥の烏山拝領後には、烏山へ資寛を向かわせている。そこで資寛は百石を与えられたようで、加増もされている。明らかに那須家の家臣と取り立てられており、烏山で生活をしていたのである。

津軽家の閉門処分

福原資寛の愁訴による烏山騒動で、改易になったのは那須家だけだが、津軽家・増山家・平野家は閉門、土井家は出仕遠慮と、連座処分が下された。ここでは従来あまり検討されなかった閉門に注目する。閉門は逼塞や遠慮とともに屋敷内に謹慎する刑罰で、一定の期間続けられた。

貞享四年十月十四日は那須家が改易となった日であるが、同日は津軽家が閉門となった日でもあった。当時、津軽信政は江戸に滞在しており、早速、江戸屋敷の閉門を指示している。その様子を「江戸日記」貞享四年十月十四日条から見ていこう。

まず、すべての門を閉じる。津軽家上屋敷にはいくつか門があったようで、表門・東門と西門を閉じた。しかも、門は大門とその脇の小門からなっているが、大門には「目臥せ板」を打ちつけ、透けて見えそうなところは内側から塞いだ。その三ヶ所は大門も小門もすべて、えび錠を下ろし、一切の出入りができないようにした。ただし、西門については、大門は「めふせ板」を打ちつけたが、小門からは出入りができるように命じている。完全閉鎖にしたが、一小門のみ開閉可能としたのである。

また、すべての窓や障子には、外側から残らず板を打ち付けている。

こうして完全に視界を遮断したが、これは上屋敷だけではなかった。津軽家は他にも屋敷を有しており、浅草・浜手・小石川にあった三ヶ所の屋敷も同様となり、門を閉じて、錠を下ろし、門や窓・障子に「目臥せ板」を打って外から見られないようにしたのである。

また、当時の津軽家家臣たちは、全員がこれらの屋敷内に居住していたわけではない。別に屋敷を持っていて、そこを宿としていた者も多数おり、彼らは津軽家屋敷が閉門となったため、そこへの出入りをすることができなくなった。信政はそうした者たちに対し、出入りを遠慮することと、火の用心に注意する

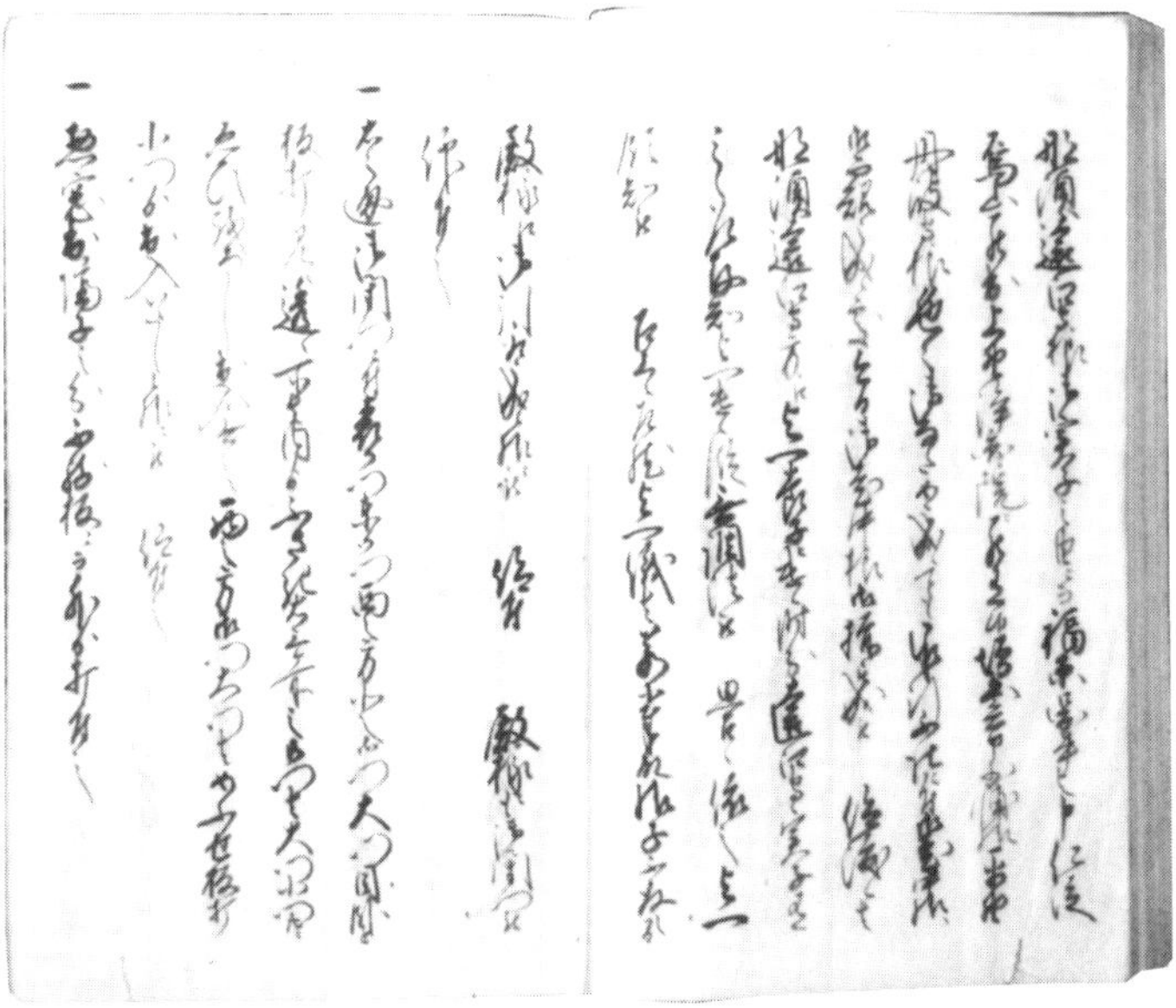

津軽家の閉門処分を記した「江戸日記」貞享４年10月14日条

こと、外出は無用にすることを命じている。屋敷間の移動も禁止となり、それぞれの屋敷で謹慎生活を送ることとなった。

さらに、月代を剃ることも禁止とされた。その対象は「御家中之面々」だけではなく、それらに仕える「又者」に至るまで、いわば全員であった。藩主信政に限らず、津軽家総出で謹慎の態度を取ったのである。

一方、上屋敷内では、政務や対面の中心の部屋であった「御書院・御広間」は、すべて使用しないこととしている。その番人も立てず、わずかに「御手筒之者二人」が道具番として「御広間四之間御縁頬」に詰めるのみとなった。

従来から置かれていた各門番については、表門と東門には足軽二人を残すのみとし、外部から用事がある者が来た場合、西門へ廻るように伝えることとしている。その西門の番所について、勤務体制も整えられた。山口勝右衛門・木村八左衛門・佐山権内・鈴木八郎右衛門の内の一人、石郷岡八九郎・谷口理介・松野七右衛門・秋元庄大夫の内の一人、徒目付と足軽目付が一人ずつ、足軽が四人が詰め、昼間は一切の出切りを禁止させ、夜間は人物を改めてから出入りさせることが決められている。

防火の巡回体制も整備された。徒二人と足軽三人と徒目付一人が一組となり、一日の当番は六組、一時に二度ずつ巡回する。長屋にも火の用心を厳しく命じた。もし出火があればすぐに消火し、風が吹いている時には一時に三、四度、火の用心の巡回を指示している。ただし、拍子木を打つことは禁じている。

以上のようなことが細かく指示され、最後に、国元と上方にも閉門処分になったことを伝えるようにとしている。

こうして、津軽家は閉門となった。一貫していえるのは、屋敷外の社会との交流を遮断したことである。「閉門」はその字が示すごとく、門を閉じることで、その中で謹慎することを意味する。西門の小門（この門も原則として出入禁止）を除いてすべての門を閉じ、えび錠を取りつけ、すべての窓や障子にも板を打ち付けている。つまり、人の出入りだけではなく、屋敷の内側から外を見ることも、外側から見られることも不可能となり、屋敷内外の視界さえも遮断されたのである。門は屋敷内外の境界の一つであった。

さらに、拍子木打禁止に象徴されるように、屋敷内の音が外へ洩れることも禁じている。月代を剃らないことも含め、すべての面において謹慎の態度を取ったのである。

なお、諸門の内、出切り可能な小門（潜り戸）が残されていること、そこは夜間のみ出入りができたこと、これは食材調達など、屋敷内の者が生活する上で重要な意味があった。

弘前城の閉門

江戸における閉門処分の情報は、早速国元にも伝えられた。十月二十四日の「国日記」（福原資寛の母は「西光院」と記されている）によれば、信政は江戸から国元への細かく指示をしていることがわかる。国元で最初に指示されているのは、本拠弘前城の諸門の状態である。本丸・北丸・二丸の大門六ヶ所は門を閉じ、その「くゝり」（潜り戸）すなわち江戸屋敷でいう小門については、通常から閉めてあったところはそのまま、通常から開いているところは閉め、「御用」がある時のみ開けることとなった。三丸・四丸は大門を閉じ、潜り戸は通常通り開いたままで、往来は可能とされた。

藩士の屋敷の門についても指示があり、家老・城代・用人の屋敷は門を閉めて、用がある時のみ細目に開いた潜り戸より出入りが可能。その他の藩士については、大門は閉め、潜り戸は開けておき、「平生之通」とされた。

幕府は宝永元年（一七〇四）七月に閉門・逼塞・遠慮に関する規定を触れ、門の状態や他家との交流（通路）、病気や火事の時の対処を定めている（『御触書寛保集成』）。それを津軽家の状況にあてはめると、江戸屋敷はすべて閉門状態である。国元の場合は、弘前城の本丸・北丸・二丸は閉門状態であるが、三丸・四丸は逼塞状態であり、藩士屋敷は家老らが逼塞、その他の藩士は遠慮に近い。国元は江戸に比べて対応が緩く、社会的閉塞状態ではあるが、中心部ほど厳しいという段階差が存在していた。

さらに、江戸から国元への指示は、藩士の出仕や容貌に関する事柄にも及んだ。肩衣を着する資格がある者は、その着用が禁じられた。五節句における登城出仕も通常の「御機嫌窺」登城も中止とされた。閉門中は月代を剃ることが禁止となった（「御扶持人之分」のみで「又者」は規定していない）。鳴物・作事・普請も禁止された。また、江戸からの飛脚が国元に到着した場合、まだ日が高いうちは家老津軽監物・田村藤大夫宅で待機し、日が暮れてから西門より城へ入ることが定められている。これらは、江戸屋敷と共通する行為といえよう。

しかし、国元よりも江戸の方が、明らかに厳しい状況に置かれていた。藩主信政自身が江戸に滞在しており、屋敷を一歩出れば、そこは他の藩士や町人らと接触する機会がきわめて高い。一方、国元は一円が藩領であるため、他藩士などと接触することは少なく、領内を通過して参勤交代をするのは松前藩のみである。

また、江戸における財政上の深刻化は閉門当日から予想されていた。江戸では一切往来ができないため、金銀を借り出すことが困難となり、藩士の扶持米も差し支えて難儀してしまうので、国元で収納米を売り払い、たとえ少しずつであっても、その金子を江戸へ送るように指示を与えていた。閉門が解かれれば間違いなく返済するので、藩内の町人にも依頼し、借り次第送金するようにと命じた。しかも、それは急務だったようで、まずその一回目として、三百両か五百両を早々に送るようにとの指示であった。そこでは「此方必至与差詰」と表現されており、差し迫った現況が伝わってくる。さらに、財政上の問題を打開するため、江戸における人減らしも行い、追々必要でない人数を国元へ返すことを定めている。

国元では、信政の母久祥院が健在であった。藩主信政は母のことを気遣い、江戸では別条なく、閉門中の諸事を穏便に執り行っており、いずれ「御閉門御免之御吉左右」すなわち閉門赦免の吉報を伝えられるはずだと伝えている。

こうした国元への指示は江戸から伝えられ、家中に言い渡された。しかし、その詳細な規定は幕府が直接下したものではない。大名の改易が多発する状況下でもあり、それに連座して閉門処分となった場合にどのような行為をとるべきか、その情報を大名間で相互に学び得ていたものと思われる。それをもとにして、津軽家が自主的に閉門中の詳細な指示を行ったのである。

閉門中の諸問題

信政の母久祥院は、藩主信政も嫡子信寿も江戸にいた状況下で、先代の妻として国元の求心的存在となった。さっそく、貞享四年十月二十八日、最勝院をはじめとした十ヶ寺に、閉門赦免を願う「御祈祷初」をさせている。その寺社には祈祷料・賄料を渡しており、のちに祈祷を行う寺社は増加していく。国元で自主的に行うことができる数少ない行為の一つが、この祈祷であった。

最勝院の仁王門と五重塔

一方、江戸では、他家との交際遮断を継続・徹底している。信政は実子でもある那須資徳の身柄を預けられていた。困難に直面したのは那須家旧臣も同様であったが、信政にはなすすべもない。「江戸日記」貞享四年十月十九日条によると、津軽家屋敷の門番に対して、もし那須家旧臣が来訪したとしても、一切「通路」ができず、今後も「御無用」であると伝えるよう指示している。前日に旧那須家屋敷が松平因幡守へ与えられており、その関連で触れられたものと考えられる。

そして、閉門中において、屋敷内で最も注意しなければならないことは火事であった。謹慎中にもかかわらず火事を起こしてしまえば、さらなる厳罰、改易にもなりかねない。そのため、火の元には細心の注意を払い、見回りを常に怠らないようにしている。同月十五日には、もし火事があった場合でも、屋根の上へは一人も上げないようにという決まりも定められている。

火事を起こさないために、ゴミを燃やすことも禁じている。屋敷内での生活者は藩主とその家族だけではなく、多数の家臣もいた。人が多ければ、それだけゴミの量も増大するが、燃やすことができないため、閉門直後からゴミ処分問題が発生することとなった。「江戸日記」貞享四年十月十八日条によると、屋敷内は掃除をすることが十分にできず、ゴミがあちこちにたまっているが、燃やすことができなかった。そこで、拾い集めたゴミを「御普請場之内」に置きためることとした。火事を起こさないのはもちろんのこと、煙を出すことさえも控えているためでもあった。掃除の音も焼却の煙も、一切出さないように心がけているのである。

また、屋敷内では辻番足軽の欠落問題も起こっている。辻番足軽は武家奉公人の一つで、各大名家にとって欠かせない存在であったが、欠落してしまったのである。

津軽家家臣の河合作右衛門は、欠落問題にあたり、幕府奏者番の久世重之のところへ行き、今後の対処方法を尋ねている。さらなる欠落者の発生を防ぐためであるが、久世重之の前に、他の大名家に欠落状況を聞くという手段をとっている。その相手は山形藩松平大和守直矩と徳島藩蜂須賀淡路守綱矩で、直矩の場合は、四、五人の欠落者が出たが請人大屋には断りを入れなかったということ、綱矩の場合は欠落者が全く出なかったということを聞いた。そうした情報を入手した上で、久世に対処を尋ねたのである（「江戸日記」貞享四年十一月二十二日条）。

では、なぜ津軽家は欠落者状況・対策を聞きだす相手として、松平直矩・蜂須賀綱矩および久世重之を選んだのであろうか。実はこの三名とも、閉門や逼塞、そしてその赦免を、直前に経験したばかりであった。「天和の治」においては、幕臣団の閉門も多く、その理由の約半数は連座によるものであった（『徳川将軍政治権力の研究』）。

直矩は越後騒動で改易となった松平光長の縁戚筋にあたり、連座処分を受けて延宝九年（一六八一）六月二十七日から閉門を命じられた。翌天和二年二月十日に赦免されたが、減封の上で豊後日田へ、のち山形への国替となった。また綱矩は、幕府より身柄を預けられていた堀田正信が自殺したという咎めによって、延宝八年七月十九日から十一月二十七日までの四ヶ月あまり閉門処分を受けていた。久世重之の場合は、老中であった父広之の越後騒動への対処を責められ、延宝九年七月一日から酒井河内守忠挙・同下野守忠寛とともに逼塞処分を受けていた。

このように津軽家は、直前に閉門を経験していた松平直矩・蜂須賀綱矩に、それぞれの欠落者状況がどうであったかを尋ね、幕閣にありながらも逼塞を経験した久世重之にその対策を伺っている。謹慎中のため、幕府老中ら公式ルートが断たれた状況下、津軽家は経験者から情報を得ることで、問題点の打開策を見出そうとしていたのである。

それは津軽家ばかりではなかった。直矩自身も、綱矩らの経験を学んでいたのである。直矩が書き残した「大和守日記」によると、閉門が命じられたその日には、「万御当代御厳察ニ付、松平淡路守殿之時聞合尤之よし」とあり、新将軍綱吉の政治は厳しいもので、綱矩の閉門状況を聞くのが最良であると記している。さらに数日後には、堀田正信の子である豊前守正休が家来を通じて「内証」を直矩に伝えており、食物は夜ひそかに屋敷内に入れていたことや、屋敷外へ人を出さないことが第一であるという経験が述べられている。

つまり、大名同士は閉門などの非常時に際して、経験者などから相互に対策を学びあう関係を持っていたのである。原則として津軽家屋敷は内外との接触を断ったが、閉鎖社会の中でも、重要案件に関しては積極的に動く場合もあった。

第五章　津軽家開門と御目見

赦免の期待

閉門は謹慎処分であるが、いずれそれが解かれ、開門となる日が来る。津軽信政以前に閉門処分を受けた諸大名も、期間には長短の開きがあるが、必ず開門となった。そのため、信政自身も江戸・弘前の津軽家家臣たちも、やがてはその日が来ることを信じて疑わなかった。信政の場合、貞享四年（一六八七）十月十四日から翌年の四月十七日まで、結果としては半年間に及んだ。元旦も閉門中に経験したのである。

元旦は一年の中でも重要な日であるが、信政は閉門中であるため、従来通りの祝儀を執り行うことができなかった。「江戸日記」貞享四年十二月二十九日条によると、年末の段階で、元旦のあり方が決められている。「此節故」、すなわち閉門中なので、「御祝儀事」は一切なし、これまでの謹慎中の日々と変わらないようにとした。家臣の衣類も通常と変えることなく、「御飾」もなし、「御膳部」も「御平生之通」とするよう指示している。

しかし、こうした前後でも、もうすぐ赦免されるのではないかという空気が屋敷内に充満していたようで、信政はそれを厳に戒めている。閉門という閉鎖社会にあり、視界も音も、全くといっていいほど、屋敷内部の情報を屋敷外部に出さず、また内部に入れない努力を藩あげて推進していたが、赦免の期待はすぐに屋敷内に広まってしまう。

閉門から二ヶ月後、貞享四年十二月十八日の「江戸日記」には、その戒めに関することが記されている。信政が用番木村杢之助・一町田権之丞と近習・大目付を通じて屋敷全体に触れ渡したのであるが、それは土井利知の遠慮処分の赦免が関係していた。

この日、那須家改易に伴う連座者の中で、まず土井内記利知の遠慮が赦免となった。土井利知は越前大野四万石の藩主で、土井利勝の四男利房が父、母は津軽信政の妹である。すなわち、改易事件とは直接的に何の関わりも持っていないのだが、那須家の縁戚関係者であることから、連座となっていたのである。

利知の遠慮という処分は謹慎刑の一つだが、閉門や逼塞よりは軽度で、門や窓に板を打ち付けるようなことはない。江戸城に登城する出仕を遠慮するというもので、閉門よりも短期間で赦免されることとなる。

軽罪の者から順に赦免されたわけだが、その情報が津軽家の家中全体に知れわたることとなった。それに困惑したのは信政で、油断が生じることを警戒していた。利知の「御遠慮　御赦免」を「下々」の者までが知るところとなったが、家中内で信政も「御開門」になるのではということは一切話さないようにと命じている。それで「慎」が緩くなってしまってはよくないので、「御赦免之日迄」は徹底して謹慎し、火の元の注意徹底を呼びかけ、「近時御吉左右可有之」すなわち近い内に赦免の吉報があるだろうなどと話すことを堅く禁止した。浅草・小石川・浜手にあった屋敷にも伝達させている。

赦免の朗報は、屋敷全体を閉鎖していても、いつの間にか流入し、広まってしまうものである。それによって謹慎の態度が緩くなり、問題を起こしやすくなってしまうことが懸念された。すべてが水泡に帰してしまうことを避けるため、実際に赦免となるまでは噂をすることも禁じている。それは、必ず「御赦免之日」が来ることを信政も信じて疑っていないことを示しているともいえよう。

一方、閉門がいずれ解除されるだろうという期待は、江戸ばかりではなく、国元も同様であった。むしろ国元の方が期待度は高かったようである。

貞享四年十一月二日の「国日記」によると、国元弘前では、江戸から「御吉左右」(吉報)が届き次第、例年行っている将軍への鱈献上ができるように準備を始めていた。江戸から閉門の情報がもたらされて、まだ八日しか経過していない段階であったが、この冬の間に吉報がもたらされ、鱈を献上することになるだろうと予測しており、江戸に比べて楽観視している印象を受ける。

しかし、現実は違った。閉門は翌春にも続き、鱈献上は実現していない。毎年行っている鷹献上も、この年ばかりは中断せざるをえなかった。

自粛したのは将軍への献上行為だけではない。津軽家内にとって重要な儀礼行為も中止している。たとえば、貞享四年十一月二十五日は、明暦元年（一六五五）の同日に信政の父信義が死去してから、ちょうど三十三回忌にあたる日であった。通常であれば、その年忌法事を盛大に営むところであるが、閉門という状況下、自粛を決めている（「国日記」）。

また、財政的にも厳しくなってきており、「国日記」貞享四年十二月五・六・十日などを見ると、諸事の減少を藩で定めており、直面した財政問題に対処していた。この苦境は、江戸・国元ともに、年を越しても続くこととなった。

謹慎生活の緩和

ところが、日が経つに連れて、状況が少しずつ変化しはじめ、信政はある決断を下した。貞享五年二月二十六日、江戸屋敷内にいた家臣たちに対し、徹底して行ってきた謹慎の窮屈さを少し解いたのである（「江戸日記」）。

それを申し渡した「口上之覚」は、五ヶ条からなる。（一）閉門の月日が重なり、「下々」に至るまで慎重に行ってきたので、火の元の用心を第一に心がけ、屋敷外へ物音が洩れないように慎めば、昼間でも長屋前へ出て気晴らしをするように。（二）昼夜とも屋敷を見回っている時は、出会った者はそこに這いつくばり、「下々」の者も物陰や長屋内に隠れる必要はない。（三）夜間における使いや荷物運びをしている「下々」の者に至るまで、精を入れ、骨を折ってつとめているが、今後も閉門中はいずれもさらに精を出してつとめるように。（四）現在は食べ物が非常に少なくなっており、閉門が長くなり「下々」まで難儀しているので、今後は身分の軽い者ならば、その願いによって門の中に入れてもよい。（五）屋敷内は男女ともに、病人の治療なども不自由で難儀してきたので、「下々」に至るまで看病については、それぞれの頭や親類・縁者、親しい者や長屋の同部屋の者などと相談し、それでも看病がままならない時は、「下々又者」に至るまで申しでることとし、その者の身分に従って指図をすること。

これらが家老を通じて、屋敷内全体に触れ渡された。逆に見れば、それまでの状況も見えてくる。昼間に長屋前へ出ることができない。物陰や長屋内に隠れなければならない。食べ物が少ない。病人の治療・看病がままならない。こうした苦境の負担を、可能な範囲で取り除こうという試みがされることとなった。

信政は、すべての条項に「下々」に至るまでということを盛りこんでおり、特に気晴らしや食事、病気治療・看病といった、精神面・衛生面に関わる苦悩を和らげようとしたのである。なお、この指示は幕府によるものではない。藩が独自で決めたことで、藩主の意思によるものであった。二月二十七日には門内に入れることを許可する品々が定められている（「江戸日記」）。

そして、貞享五年三月九日に増山正弥と平野長政が赦免されることとなった。

増山正弥は保坂九藤次を使者として、津軽家屋敷に書状を持たせた。これは増山家赦免の朗報を信政に伝えるためのものであったが、対する津軽家側の態度は徹底していた。いまだ閉門が解かれていない津軽家では、誰とも「通路」しておらず、増山家の使者であっても取り次ぐことは一切できない。幕府からの

「御公用」であれば受け取ることはできるが、それ以外は受け取れないとし、それを津軽家家臣の鈴木八郎右衛門が屋敷の「御門外」で保坂に伝えた。保坂は「御公用」ではないため、そのまま戻っていった（「江戸日記」貞享五年三月九日条）。

あくまで屋敷外との接触は、幕府の「御公用」のみであると、断固とした姿勢で臨んでいることがわかる。かつ、それは「御門外」にて行っており、親戚筋の使者、しかも朗報とはいえ、屋敷内へは一歩も踏み入れさせていないのである。那須家の家老湊織部は、資徳の御機嫌伺いに津軽家屋敷を訪れたが、野呂嘉左衛門に会って菓子を渡しただけで、そのまま帰っている（「江戸日記」貞享五年二月二十四・二十五日条）。

ここで、「貞享規範録」という史料を紹介・引用しよう。これは津軽信政の言行録で、文化年間に津軽家家臣森内左兵衛繁富の手によるものである。上巻は『新編弘前市史』に収録されており、その解説によれば、「信政の人並はずれた嘉言徳行が記述され」ており、そのため、「記されていることを無批判に史実と信ずるのは余りに無邪気のことと言えるが、これらの記事は、（中略）信政を「明君」として伝説化していこうとする「事実」が領内に頑としてあったことを示している」と述べる。

史実としての信憑性の問題はあるが、興味深い事柄が続いている。その一ヶ条に閉門中に関することが記されている。信政が家臣に命じたのは、たとえば以下のことであるという。

津軽家は閉門を命じられたので、門を早く塞ぐこと。長屋内に他家の者がいれば、急ぎ門外へ出すこと。これからは謹慎して、火の用心をすべきこと。明朝からは上下を問わず一汁一菜とすること。武芸などは無用で、音が出ないことをすべきこと。病気や気鬱は隙から生じるので、学問、特に兵学を学ぶべきこと。

また、信政自身が信寿とともに、屋敷中を昼夜見回り、それが開門まで続けられたことや、兵書の「毎日直々御講読」が続けられ、それを信寿や資徳、家老・用人らが拝聴し、表方では川合作左衛門が兵書講読を担当したということも記されている。

津軽家の「江戸日記」を見ていくと、火の用心に特段の注意を払っていることや、「御講読」のあったことが記されており、ある程度の事実を反映しているようである。屋敷内において、信政は身柄を預かった資徳と、繰り返し対面している。

津軽家開門

増山・平野両家の閉門赦免から一ヶ月後の四月十七日、ようやく津軽家の閉門が解かれる日が来た（「江戸日記」）。六ヶ月間の閉門であった。

この日、津軽信政と嫡子信寿は同道して老中阿部正武の宅を訪れるように命じられた（「津軽家文書」）。それは「今晩八ツ時」とされているので、翌日午前二時頃であったが、そこで閉門の赦免が申し渡された。

閉門の赦免は「開門」であるが、それが伝えられた場所に注意しなければならない。将軍のいる江戸城に呼び出されたわけではなく、申し渡されたのも江戸城ではなかった。老中から直接申し渡されているので、正式な開門通達ではあるが、実はこの後も、津軽家の謹慎は三ヶ月も続くこととなった。閉門六ヶ月に続き、出仕遠慮が三ヶ月、あわせて九ヶ月間、信政・信寿は屋敷内に閉じこもったままで生活をしていたのである。

それでも、閉門が遠慮に変わることは大きかった。四月十七日に開門が命じられると、信政はすぐに家臣へ諸事を指示した。江戸家老の津軽靭負に「御開門之儀」を伝え、まず上屋敷の外側を囲む長屋の窓に打ち付けた板を撤去させた。ただし、それは「目立不申様ニ」と、目立たないように取り外すこととしている。家臣からの開門祝儀の挨拶については、夜に入ってからと限定し、それも二、三人ずつ、各々の家来は一人か二人ずつと細かく指示している。また、開門になったからとはいえ、火の元の注意などは「唯今迄之通」に慎み、月代を剃ることは追って沙汰するまではそのままとするように命じている。

開門によってすべてが元どおりとなったわけではなく、家中全体で謹慎の態度を保持することを目指している。引き続き外部の目を気にかけており、目臥せ板を取り除くことも静粛に行わせ、家臣の訪問も夜間限定の上、少人数でとしている。

翌日に「御座敷廻御白砂」や「御書院御庭廻り」といった部分の清掃も命じているが、これもあくまで目立たないように行うことと付けたしている。

また、開門の情報は即刻、小石川や浜手の津軽家屋敷も伝えられ、それらの板撤去も上屋敷同様とされた。屋敷外に「自分宅」を所有している家臣にも、当然開門が伝達された。

国元へも飛脚が飛び、丹野序右衛門組の成田惣左衛門・天内右衛門助・三上仁左衛門と、宮館嘉左衛門組葛西太次右衛門の四人が、「道中随分急」いで帰国し、開門を知らせるようにと命じられている。同様に、京都や大坂・大津・敦賀の蔵屋敷などにも急ぎ伝えることとされた。

さらに上屋敷では、門番所に詰めていた番人は「御広間」へ引きとるように命じられ、翌日からの見回り体制の整備も決められている。これまで唯一の出入り窓口であった西門については、えび錠を下ろし、閉めていた東門を開けて通路可能とした。西門の番人も引きとり、東門に徒目付や足軽目付などを常置して、人や物の出入りを改めることになった。屋敷内における火の元用心の見回りも今夜限りで解除し、翌日からは閉門以前の状態に戻している。番人も閉門以前の勤務体制とした。

通行可能な門が西門から東門へ移ったわけだが、メインの門である表門については何も触れられていないので、依然としてここは閉じたままなのであろう。

つまり、開門にはなったのであるが、社会に完全復帰したわけではなかった。閉門が解かれて遠慮状態が続くことになったのは、まだ将軍の御目見を得ていないためであった。次はこの機会を待つことになったのである。

ところで、津軽家が開門を赦されたのは四月十七日であるが、この日をもって赦免されたのは決して偶然ではなかった。四月十七日自体に大きな意味があったのである。

初代将軍であった家康は、元和二年（一六一六）四月十七日に死去した。毎年の祥月命日には幕府で法事が営まれ、諸大名や旗本もこれにあわせた行動をとっていた。それから七十二年後になる貞享五年の同日も年忌法要が営まれており、この日を機として津軽家は恩赦となり、法要が無事に終わった夜に、閉門が解かれたのであった。

後述するが、那須資徳の赦免は元禄十三年（一七〇〇）五月二十日まで待たなければならない。この年の四月二十日は家光の五十回忌、五月八日は家綱の二十一回忌にあたり、二大法事が無事に済んだことの大赦として、資徳は赦免されたのである。将軍家代々の祥月命日・法事は罪が赦免される一つの契機となっていたのである。

国元の対応

そして、津軽家開門の情報は親戚筋の大名などにも伝えられた。開門翌日の「江戸日記」を見ると、先に遠慮処分を赦免されていた土井利知からの使者が訪問してきたことがわかる。開門の祝儀を述べるための使者であり、大鯛を持参していた。それに対して信政は、「脇々様」すなわち他の大名などからの祝儀品も、受け取ることを断っているが、目立たないようにしてくれるのであれば受納することはできるという態度で応じている。開門は祝いごとであるが、出仕遠慮状態は継続しているのであり、謹慎の態度は堅持していたのであった。

しかし、赦免祝儀のために訪れた使者は土井利知ばかりではなかった。非常に多かったようで、諸家の使者が津軽家屋敷の門前に集まってしまったのである。困惑した信政は、その対策を老中戸田忠昌に尋ね

弘前城の追手門

ている。たとえ閉門が赦免されても、将軍の御目見を得るまでは謹慎（遠慮）する覚悟を定めているので、祝儀見舞いの使者は断っていることを戸田に表明した上で、今後も断りつづけていくことは非常に難しいので、どのようにすればよいかということを投げかけているのである。

次に、閉門赦免の情報がもたらされた直後の国元の状況を見てみよう。

弘前城には四月二十五日に開門の朗報が届けられた。

江戸からの飛脚が到着したこの日、番頭以上の家臣が登城し、赦免情報と今後の出仕遠慮が伝えられている。引きつづき「御慎」となるので、国元でもそのように心がけることとし、月代については追って沙汰するまでは剃らないままと命じられた。江戸の屋敷同様、弘前城の門も閉門となっていたが、これまで潜り

弘前城の南内門

戸を閉めていたところは扉を寄せた状態とし、潜り戸の扉を寄せていたところは開けるようにとしている。扉を寄せるとは錠前などを下ろさない半開きの状態ということだろう。江戸屋敷の門は大門を閉め、潜り戸は寄せているので、弘前城は右のようになったのである。家臣の屋敷については、以前のように門を開いてよいとされた。

本来の形態に一段階進んだわけだが、まだ「御遠慮御慎」という状態であり、完全開門とはならなかった。ちなみに、月代を剃ることが許可されるのは、江戸では四月十九日、国元ではその情報がもたらされた四月二十七日のことであった。

さて、津軽家は閉門が赦免されて開門となり、江戸・国元ともに安堵感が漂ったが、その次の課題は、いつ御目見がかなうかということであった。結果として事実ではなかったが、「江戸日記」貞享五年五月四日条によれば、信政は今日御目見があるらしいとの「風説」がある旨の奉書が増山正弥から届けられている。「殿様　御目見御延引、乍憚気毒」という「江戸日記」同年七月二十一日の記述もあるので、当初の御目見予定より延期になったようである。

津軽家家臣の間では、江戸より国元の方が、まもなく御目見だろうとの期待は高かったようである。

五月五日は端午の節句日で、全国各所で祝い事が催された。弘前藩の国元では、その祝儀に備えて、出仕遠慮中にもかかわらず、粽・菖蒲・蓬を例年のように準備しようとしていた。「国日記」貞享五年四月二十八日条によると、担当の「御台所役人」が、もう準備をしておかないと、時期的に間に合わないと申し立てた。それに対して、端午の節句より前に御目見がかなう飛脚が江戸から到着するだろうという理由で、入用の品々の準備が命じられている。

つまり、津軽家開門の朗報が国元に届いて三日後には、すでに近日の御目見が予測されているのである。一方、同時期の「江戸日記」を見てもそのような動きは確認できない。明らかに江戸よりも国元の方が、事を楽観的に捉えていた。しかし、端午の節句当日、五月五日の「国日記」には「御遠慮之内故、御礼無之」と記されているのみで、実際には出仕遠慮中なので何も行われなかった。

江戸においても、御目見の日がいずれ来るという期待はたしかにあった。それは信政自身も感じていたようで、信政は国元にいる母久祥院に使者を送り、「信政も信寿も、また那須資徳も特に変わりなく過ごしており、追々吉報があるだろう」ということを伝えている（「国日記」貞享五年五月二十一日条）。息子が孫の情報とともに、母を安心させようとしているのである。

御目見と屋敷替

そして貞享五年七月二十八日、ようやく御目見の日が来る。その前日の「江戸日記」には以下のことが記されている。

老中大久保加賀守忠朝の使者が津軽家屋敷を訪れ、老中四人（当時の老中は大久保の他、阿部豊後守正武・戸田山城守忠昌・土屋相模守政直）による「御連書之御切紙之御奉書」（「津軽家文書」）を持参してきた。それは、信政・信寿に対して明日登城するようにという内容のもので、綱吉の御目見があることを意味していた。

信政はすぐに大久保のもとへ使者河合作右衛門を派遣し、河合が登城に関する二つの問題点を質問している。一点目は月代についてである。信政・信寿ともに、まだ月代を剃っておらず、長髪のままの状態であったため、剃ってから登城すべきか、あるいは現状のまま登城すべきかということを尋ねた。二点目は持鑓についてである。従来は信政も信寿も、それぞれ二本ずつの持鑓を登城の行列に加えていたが、明日の登城に際してはどうすべきであろうかということを尋ねている。

これに対する大久保側の「御返事」はこうであった。一点目の月代は、剃った上で登城し、綱吉の御目見を得ることとされた。二点目の持鑓については、二本のままでよいとは思うが「御差図」はできないという回答であった。津軽家の使者河合に答えたのは大久保の取次であったが、彼はさらに、平生通りに鑓を持たせ、供回りも普段と変わらない方がよいとし、大久保自身の考えもそうであろうと伝えた。

さらに河合は、信寿が登城する際には必ず我々が先に向かっているが、明日はどうすべきかと取次に聞くと、毎度そのようであったならばその通りにしてよいだろうと返答されている。

結局、信政も信寿も月代を剃り、従来通りの二本ずつの持鑓を行列に加えている。月代を剃ることと持鑓本数を維持することは、連座処分前の状態に復帰する象徴的な行為であったため、前日の内に老中へ伺いを立てたのである。持鑓の数は重要で、『寛政重修諸家譜』にも関連記事が散見しており、たとえば増山正弥は、貞享五年に従来の二本から一本に減らされ、元禄十一年になって二本に復している。

翌日、信政・信寿は約十ヶ月ぶりに登城し、綱吉の御目見を無事に得ることができた。帰宅直後、信政はある行動に出た。老中戸田忠昌に松野茂右衛門を使者として遣わし、伺いを立てているのである。その伺いとは、明日にでも「上野并増上寺」に参詣してもよいか、明朝から老中への挨拶回りを行ってもよいか、ということであった。

戸田側の「御返答」を記した「江戸日記」貞享五年七月二十八日条によると、まず「首尾能　御目見」が済んだことの祝いを述べ、参詣の希望を承知したと答えた。しかし、今後津軽家のように「永御引籠候衆」が出た場合を考えると、ここで参詣に関する「御差図」はできないという。一方、挨拶回りは「御尤」なことなので、「御勝手次第」にしてよいとの回答を得ている。

上野の寛永寺と芝の増上寺は、言わずと知れた徳川将軍家の菩提寺である。念願だった綱吉の御目見もかない、大名の一員として完全に復帰することができたその日、将軍家菩提寺への参詣許可を申しでたわけだが、恭順した態度を表明するのには最適な行為といえよう。津軽家の本意はわからないものの、アピール性やパフォーマンス性の非常に強い行為と考えられる。

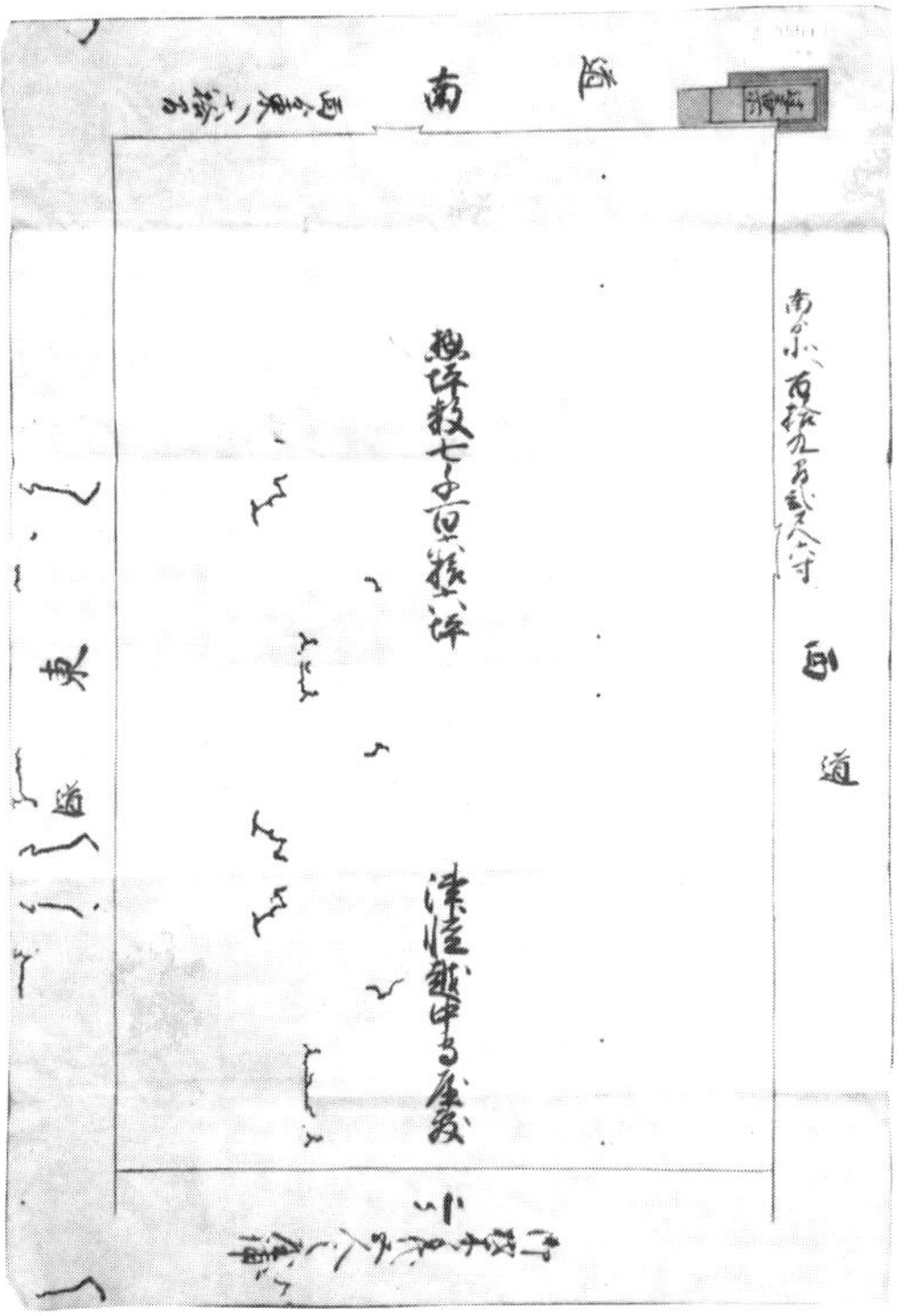

元禄6年の津軽家本所屋敷図（「津軽家文書」）

こうして、国替や減封もなく、津軽家は処分以前のとおりとなったが、一点だけ変わったことがあった。江戸上屋敷の屋敷替が命じられたのである。そこで那須資徳を預かることとなった。

場所は神田から本所への移転である。この「屋敷替えについては、隅田川の向こうという、江戸城へ登城するにも遠距離で大変不便な土地に移転を命じられたことから、烏山騒動の影響がまったくなかったとは考えにくい」という見解がある（『弘前藩』）。すなわち懲罰の意味を込めた屋敷替えだったのである。

これは、「武林隠見録巻之六」（「那須」四六）にも記されている。「此時、越中守小川丁上屋敷被召上、本所二目橋通りにて屋敷被下候也」とあり、赦免後の処置として神田小川町から本所への屋敷替が行われていた。

なお、この「武林隠見録巻之六」は、那須資弥と福原資寛の関係についてこう記す。資寛は資弥の「外腹」であったが、「此母懐胎之内離別」と妊娠中に別れており、彼女は江戸「深川蛎むき之者」に縁付き、そこで資寛が生まれた。資寛は養父と「蛎をむき渡世」としていたが、これを聞いた資弥が母子ともに烏山へ引きとった。しかし、資寛は「幼少より賎敷」ために、実子であるけれども資弥はその存在を隠しおき、与一資徳を養子に定めた。資徳が那須家を相続したことを聞いた資寛は、平野長政に「かけ入」り、「公義訴状」を提出した。幕府では「御評議」があり、資寛母子は「不届」として平野長政へ預けられることとなった。

ここで、閉門と開門・御目見について四点ほどまとめておきたい。

一つ目は閉門中における屋敷内の実態であるが、外部との接触については、人の出入はもちろんのこと、視覚的な面や聴覚的な面についても、情報の流入や流出についても、一切を禁止した。特に火の用心には細心の注意を払っている。しかし同時に、これらを厳守さえしていれば、必ず赦免される日が来るという期待的な意識があり、それを前提としていた。この点は改易とは大きく異なるといえよう。

二つ目は江戸と国元の意識差についてである。上屋敷を中心とした江戸も、弘前城を中心とした国元も、いずれも連帯した行動をとってはいたが、赦免への期待度は江戸より国元の方が高く、比して見ると楽観的であった。たとえば、江戸では今後の財政難を閉門当日から予期しているが、国元では近日内に赦免が実現されるだろうという意識を前提として、時献上や節句の準備を行っている。距離の差は情報量の差でもあり、現状の認識に対する濃淡が行動となって現れていたのである。

三つ目は、閉門中の大名間のつながりに関することである。津軽家に閉門処分を下したのは幕府であるが、その細部にわたる規定については津軽家自らが決めていた。当時、閉門やその赦免を経験した大名は数多く、大名間相互で情報を得て、その処置・対策を決定していたのである。一方、幕府からの公的な件以外は、他家からの往来や連絡はすべて断るという姿勢は一貫していた。

四つ目は、開門直後や御目見直後の行動である。閉門が赦免となり、開門することができても、それは即閉門以前の状態に復帰するという意味ではなかった。目立たないように行動することや、月代を剃らないままにすることなど、閉門赦免日は出仕遠慮開始日でもあった。その出仕遠慮の解除は、将軍の御目見の機会を得ることであり、大名にとって御目見は完全な社会復帰的契機となる意味でも非常に重要であった。さらに、御目見直後に将軍家菩提寺参詣を要望し、積極的な恭順態度をアピールすることによって立場を維持しようとする姿を見ることもできた。

津軽家は閉門処分の対処を他家の経験情報に学びながら、赦免への期待を前提として、屋敷内での対応を自主的に定め、幕府への恭順行動を示しつづけ、社会的閉塞状態からの脱却を目指したのである。

津軽信章一件

本節では、同時期にもう一度信政が出仕遠慮することとなった、津軽兵庫信章《のぶあき》の越境に関する一件について触れる。

一件の経緯はこうである。信政の異母弟である信章は、かつて幕府旗本の一員として取り立てられ、書院番士をつとめていた。しかし、突如として京都へ出奔したため、信政は信章を国元弘前へ帰国させることとした。それは延宝元年（一六七三）のことであったが、それから十六年が経過した元禄二年六月二十八日、信章は家臣を引き連れて湯治に行くとしたまま、無断で弘前藩領の境を越えて、秋田藩領へと出奔してしまったのである。困惑したのは兄で藩主の信政であり、すぐに信章は弘前に連れ戻され、城内二の丸の屋敷に監禁され、そこで生涯を閉じることとなった。幕府はこれを信章単独の立ち退き事件として処理し、信政に対する処分は一切行われなかったという。

ところが、当時江戸に滞在していた信政は、自ら江戸城への出仕を遠慮することに決めた。遠慮期間は元禄二年七月二十四日から十二月二十七日で、およそ五ヶ月間に及んだ。那須家改易に伴い、信政は六ヶ月間の閉門と、三ヶ月間の出仕遠慮を経験したが、遠慮が解かれたのは貞享五年（元禄元年）七月二十八日なので、それからわずか一年しか経っていない。前回の連座があったため、幕府への気兼ねもあり、自ら進んで出仕遠慮を選んだものと思われる。

この信章の越境事件に関して、那須家にも一点の書状が現存している。差出人は津軽家家臣の間宮求馬と川越清左衛門である（「那須」一七二）。

今度津軽兵庫殿御領分立退被申候、最早事相済、御公儀御首尾能候得共、御目見御遠慮之御事候、依之御家中之面々、尤自分町宅之衆中猶以相慎、下々迄声高ニ無之様ニ、火之用心堅可被申付候、不及申候得共、音曲・表向之作事・振舞等猶以可被致延引候、尤透と相済不申内、下々等江沙汰いた為ましく候、万一他所之仁承候ハヽ、事相済候様ニ承候得共、様子ハ聢与不存旨挨拶尤之事候、右之旨拙者共方より可申旨、御家老中被仰候間、如此候、以上

［現代文訳］

この度の信章「御領分立退」の件は、もはや事が解決しました。「御公儀御首尾」もよく、無事に済みましたけれども、信政は出仕遠慮することになりました。そこで、津軽家の御家中の面々も自身の町宅にいる者たちも謹慎して、下々の者に至るまで声高にならないように、火の用心も堅く命じています。

改めて言うには及ばないことですが、音曲や作事・振舞などはさらに延引とします。もし「他所之仁」から何かを尋ねられることがあった場合は、事は済んでいるけれども詳しいことはわかりません、

と答えるのが最良です。このことは私たちから伝えるようにと、家老から命じられました。

日付は「七月廿四日」とあるのみだが、元禄二年に間違いない。同日の「江戸日記」にも同じ書状が記されており、「此廻状順々」に回し、「御家中諸士」へ残らず触れるようにとされた。そのため、津軽家に預けられていた資徳にも伝えられ、附属の家臣が書きとめたため、この文書が那須家に残されることとなった。すでに同月五日、「兵庫殿御事」が尋ねられたら、どのような考えで他領に行ったのか全くわからない、と答えるようにとの指示があった。

注目したいのは、津軽家がとった行動である。幕府の裁定は済んでいるので、出仕を遠慮する必要はないのであるが、信政は進んで遠慮することを決断した。また、声高にならないことや火の用心に注意すること、音曲や作事を慎んでいるのは、那須家改易に連座した際と同じである。さらに、家臣の対応として、質問には詳しく応じないように命じ、家中全体での意思統一を図っていたのである。

なお、信章は元禄十四年六月十八日に死去した。約十二年間、屋敷内に監禁された状態が続き、いわば牢死のような状況であったという。

第六章　江戸・弘前における浪人生活

「御部屋」と客人

改易にしても、御家騒動にしても、事件の発端・原因から経過、そして裁決に至るまでが主たる関心事となっていた。それに対して、裁決後・改易後の動向については必ずしも明らかにされているわけではないのが現状である。

身柄が他家に預けられた場合、預け先で生涯を終える者もいれば、後年にその者あるいは子孫が御家再興を命じられることも多々ある。越後騒動で改易となった松平光長の場合は、伊予松山藩への預けとなり、のちに同家は子孫が美作津山藩主として再度取り立てられることとなる。

那須資徳は、一体どのような浪人生活を送っていたのか。また、預かる側の津軽家は、どのように対応したのか。特に、実父津軽信政の帰国に伴い、資徳も一度だけ弘前を訪れている点は非常に興味深いものがある。

まず最初に、資徳は浪人中に元服したことを記しておきたい（津軽政直時代に元服を済ませているので、二度目の元服ということになる）。「江戸日記」元禄元年（一六八八）十二月十一日、兄信寿の「御前髪」を取る儀礼と同時刻、同じ津軽家屋敷内で資徳の「御半元服」が行われた。翌日条によると、本元服の前に行う略式元服である「御半元服」は、振袖を普通の袖丈に縮める「御袖留」であったことがわかる。そして、元禄五年二月十六日には、資徳の「御元服」がやはり津軽家屋敷内で行われ、「御前髪取」が無事に執行された。

前述したように、信政は資徳の改易に連座して閉門処分となり、貞享五年（一六八八）七月二十八日に再び綱吉の御目見を得て、大名として閉門以前のごとく復帰する。ただし、その江戸上屋敷は神田から本所へ屋敷替となった。早くも同年八月二日辰刻（午前八時頃）、信政は信寿とともに、一端柳原の下屋敷に引っ越しをしている（「江戸日記」）。同日、資徳は信政らに先んじて「今朝寅中刻」（早朝五時頃）に下屋敷へ移った。これは、依然として資徳は赦免されていないため、身を隠すかのように、人目のつかない時間に行われたものと考えられる。

のちに、信政・信寿や資徳は本所上屋敷に移った。「江戸日記」元禄四年四月二十一日条によると、「与一様本庄御部屋江御移徙被遊候」とあり、資徳は本所上屋敷内に「御部屋」を与えられていたことがわかる。では、その「御部屋」で資徳はどのような生活をしていたのであろうか。全貌は不明ながらも、「江戸日記」を見ると、たびたび往来のあったことがわかる。

来訪から見ていくと、信政のそれが最も多い。信政と資徳は同じ屋敷内に居住していたが、信政が資徳の「御部屋」を訪れた場合、そのことが必ず「江戸日記」に記されている。つまり、特記事項として認識されていたのであり、そうした際には「御料理御相伴」の記述も多く見ることができる。たとえば、元禄十二年十二月六日の晩、信政が「与一様御部屋」を訪れ、そこで津軽家一門の采女・主税とともに「御年忘之御料理」を食している。資徳の実兄信寿の場合も同様で、対面するだけではなく、飲食をともにしていた。

こうした信政・信寿や津軽家家臣による資徳「御部屋」来訪はたびたびあったが、他の大名・旗本らが資徳を訪ねることはなかった。しかし、その中で、本阿弥光智・光通、十河能登、吉川惟足が資徳と時折対面していることがわかる。

津軽家が武具を整備する際、本阿弥家を屋敷に呼び寄せている。信政は病気の光智のために、元禄六年二月十四日に国元の鶴(鶴は薬用・滋養強壮の食物として認識されていた)を進呈したほどで、元禄八年八月二十一日には、光智・光通が「御腰物拭」に訪れ、「御休息之間」で資徳も相伴している。同年の津軽家分限帳(「津軽家文書」)によると、信政は光智に毎年合力を行っており、光智が同十一年六月十一日に死去した後は十郎兵衛光通が引き継いだ。同十三年六月二十七日には光通が信政・信寿・資徳の腰物「御道具拭」を担当しているが、それは「例年之通」のことであった。

十河能登は北野大神宮の社司で、元禄十年の津軽家分限帳には「御咄衆」として「切米金十五両五人扶持」を給付されている。その息子帯刀は、弘前藩士佐藤軍大夫の養子となり、後に藩の家老をつとめた。

吉川惟足従長は、吉川神道の創始者惟足従時の子で、幕府神道方であった。信政は従時に師事して神道を学び、元禄六年に神道一事重位、従長から同十三年に二事重位、宝永元年（一七〇四）に三事重位を伝授された。吉川家に毎年千石の合力米を渡すほどで、資徳も従長と津軽家上屋敷で会い、神道を学んだのである。

一方、資徳の往訪で最も多いのは、信政や信寿に会いに行くことである。そこでは「御料理御相伴」が行われている。清昌院（信政の妹で土井利房の正室）らが津軽家屋敷を訪れた元禄八年六月十一日には、資徳も狂言見物に参列している。

また、興味深いのは、資徳が何度か外出をしていることである。元禄五年七月二十二日には、津軽家用人間宮求馬の長屋を訪れ、同年八月二十五日には、「亀井戸天神祭礼」見物のため、信寿と資徳は津軽家用人松野茂右衛門宅まで出向いている（「江戸日記」）。

資徳は馬で遠乗りも行っている。元禄六年十一月二十二日の場合、「八過」に出て「暮前」に戻っているので、三、四時間ほどであろうか。一ヶ月前の九月二十二日には馬の準備もしており、資徳の単独行動ではなく、在府中の信政の許可を得ての行動であった。

以上のように、資徳は実父津軽信政に預けられ、上屋敷内の「御部屋」で生活していたが、比較的自由も与えられていた。「御部屋」に一人監禁されていたのではなく、幕府は預け先の津軽家に対応をすべて任せており、罪人的な緊張感と客分的な待遇という両面を合わせ持っていたのである。

道具と家臣

資徳が所持した道具について述べると、衣服は津軽家から取り寄せていた。たとえば、「江戸日記」元禄八年十二月一日によれば、信政・信寿・資徳の「御召物」が京都から到着している。こうした衣服調達の記事は「江戸日記」に散見する。武具も同様で、資徳は津軽家を通じて注文しており、元禄十年九月二十七日に完成品が上方から江戸に届けられている。浪人中も刀剣や具足を常に調えていた。しかし、そうしたすべての面において、知行を持たない資徳は、信政から与えられていたのである。

津軽家屋敷内には「与一様土蔵」という資徳専用の土蔵も設けられていた。元禄十二年八月十日条からは、「与一様御土蔵御修覆」が行われ、それに「惣様御入用十九両余掛」かったことがわかる。

さらに、「江戸日記」元禄九年九月四日条によれば、「御宝蔵」に保管されていた「綾菅之御琴并枇杷」を風干しするようにという信政の指示が資徳へ伝えられ、その段取りが行われている。同月七日には、宝蔵保管の「あやすき（綾菅）の御琴」の「御鎰箱御封印」を資徳が切っている。これは国元の信政からの指示によるものであった。

次に、資徳の家臣であるが、「与一様附」として津軽家から付けられていた。彼らは次節で述べる弘前へも同行している。岩田衛門兵衛（三百石）・野呂嘉左衛門（十両八人扶持）・長尾三郎右衛門（十両七人）・佐藤角大夫（六両四人）・広田伝之丞（同）・野呂勝之進（六両四人）・小山兵次右衛門（同）・鎌田又介（六両二人）および草履取一・道具持一・笠持一・挟箱持一・陸尺六の計十八人である。

この内、岩田は資徳が那須家の当主となる以前から側に仕えており、守役的存在で、後述する那須家再興運動の使者としても活躍した。資徳にとって不可欠の人物であった。

また「江戸日記」によれば、「与一様御歩行」であった佐藤と広田は、「数年御奉公」をつとめたことにより、元禄二年二月一日に加増の上、「御中小性」就任が命じられている。小山と鎌田は、元禄五年七月二十六日、「御人少」であった資徳の「御徒」へ転任した。

元禄十年津軽家分限帳から、「与一様附」を抽出してみると、長尾三郎右衛門・佐藤角大夫、中小性の小山兵次右衛門・進藤伝六・新屋清八・田辺忠右衛門、歩行の佐藤忠八・和田久七・館山半五郎が挙げられている。

彼らはいずれも津軽家家臣であり、知行等は津軽家から得ていた。資徳の諸事にわたる世話を行い、外出時には供奉、また津軽家当局との連絡・交渉役などを担っていたが、津軽家の家臣であることに変わりはなかった。たとえば、元禄七年一月一日の「江戸日記」によると、江戸に滞在していた藩主信政に対し、津軽家家臣が交互に元旦の挨拶を行ったが、「与一様付之面々」も同様に信政へ挨拶をしている。あくまでも当主は津軽信政であり、一時的に資徳の附属となっていたに過ぎなかったのである。

そのため、資徳付きの家臣を補充したり増員したりする際には、すべて津軽家から付けられた。その中にはわざわざ弘前から江戸へ出てきて仕える者もおり、資徳附属となった者は誓詞を提出している。「与一様附」佐藤角大夫の息子伴次郎もその一人で、伴次郎は元禄十二年五月二十九日に誓詞を提出し、親子二代で資徳に従っている。

野呂嘉左衛門も親子で資徳に仕えた。「与一様御人少」という状況であるため、野呂嘉左衛門の息子勝之進は「御中小性」として召し出されることとなった（「江戸日記」元禄六年十一月二十八日条）。そのことを岩田が家老津軽将監に伝えており、勝之進が「御切米金六両四人扶持」という手当であったことも判明する。翌日には、「野呂勝之進儀、今朝辰上刻　与一様御部屋御使者之間ニて誓詞勤之、出座御目付乳井作右衛門、誓詞宛所ハ岩田衛門兵衛」と、誓詞を提出している。資徳の「御部屋」に「御使者之間」があること、誓詞提出に津軽家の目付が立ち会っていること、その宛所が岩田であることも注目される。

しかし、勝之進が附属していた期間は短かった。弘前藩領を襲った元禄大飢饉により、藩では多くの家臣の召し放ちを決定した。野呂親子もその対象となり、元禄八年十月六日に暇が与えられた。嘉左衛門は信政の幼少時から仕えていた家臣であったが、「今度御国不作」により勝之進ともども「御暇」となり、その日の内に屋敷を引き払うことが命じられている。資徳の周囲も飢饉のあおりを受けていたのである。

弘前へ

冒頭でも浪人中の資徳が一度だけ弘前を来訪したことを記したが、本節以降ではその状況を明らかにしていく。

元禄七年四月二十五日、江戸滞在中の信政に帰国の暇が与えられた。江戸出立に向けて準備を進める中、信政は一つの出願を行った。出願の相手は幕府老中戸田忠昌で、今年の帰国に資徳を同道したいという内容であった。その回答は「御勝手次第」、あっさりと認められたことが「江戸日記」元禄七年五月八日条に記されている。

資徳が自由勝手に弘前へ行けたわけではなく、幕府の許可を得てのことであったが、それに対して幕府側は特段の警戒をしていなかったことが興味深い。幕府は資徳を罪人として預けたのだが、問題を起こさなければそれでよく、諸事にわたる対応は信政に委ねていたのである。

こうして、問題なく弘前への信政・資徳同道帰国が決定した。ただし、決して資徳は赦免されたわけではない。通常の参勤交代時には、宿所に「誰々様御本陣」のような「御宿札」が掲げられるが、資徳の宿所にそれを立てることができなかった。そこで同月十一日、信政の公式な宿所と資徳の非公式の宿所を別々とし、資徳の宿所には「御宿札」を立てないが、どのような宿所でもよいわけではないため、「宿々ニ而一番能宿」と、最良の宿を手配することが決められている。

津軽家江戸屋敷を出てから弘前藩領に到着するまでの道中、外聞をはばかり、こうした配慮を行わざるを得なかったのである。

また、弘前到着後における、在国の津軽家家臣との贈答や、津軽家菩提寺などへの参詣も企画され、その具体的内容が同月十四日や二十一日に定められている。

そして、元禄七年五月二十三日、資徳は信政とともに弘前へ向けて江戸を出立した。同日ではあるが、信政が大行列を連れて先を行き、資徳はその後を追うように、距離・時間を離している。また、出立にあたり、江戸家老の津軽将監が「与一様御部屋」の火の用心と錠を下ろすことを坂庭孫介に指示している。

一方、「国日記」によると、信政が資徳を同道して帰国することは、五月二十一日に国元へ伝えられた。その際、弘前滞在中における資徳の居場所が、「津軽将監屋敷」と定められている。将監は山鹿素行の娘婿で、信政の家老となり、津軽姓を下賜された人物である。将監は信政・資徳に同行せず、江戸に居残ることになったため、主不在の将監屋敷が活用された形となったのである。弘前城内の藩主家屋敷ではなく、家臣の屋敷が資徳の生活拠点として選ばれたことになる。

しかし、将監屋敷をそのまま使用するわけにはいかず、江戸からの指示により、屋敷内各所の修繕・修復が、急ピッチで進められた。国元への指示が届いてから、資徳が到着するまでにはわずか一ヶ月しかない。それに間に合わせるため、書院・広間の畳はすべて替えられ、屏風や様々な器物なども準備された。水質の悪い井戸を囲って使用を禁止し、屋敷の塀を修復し、「御慰」の馬場を築くこととなった。到着日の「御料理」も定められたほか、弘前城までの領内道中にあたる碇ヶ関・三所之瀧・三笠山・千年山も、「与一初御覧」となるため、事前の掃除が命じられている。

一行は道中を無事に進み、宇都宮や郡山を通り、山形や横手を通るルートから、閏五月十一日に信政と資徳は碇ヶ関に「御着座」した。同日、十二日に「御手廻以上」、十三日に「御中小姓以上」、十五日に「御目見以上」の津軽家家臣が、資徳の屋敷へ挨拶に出向くように触れられている。

そして、十二日に無事弘前城に到着し、「御供之面々」には十日間の休息が与えられた。また、当初の予定通り、家臣の対面と寺社参詣が進められていった。十八日には、資徳が初めて信政と弘前へ来たことの祝儀饗応が城内で催され、歓迎一色となった。同日条の「国日記」からは、その「御献立」を知ることができる。信政は資徳付きの岩田衛門兵衛を召し出し、自ら「御盃」を与えている。

到着した日の内に資徳は津軽将監の屋敷へ入り、ここが翌八年三月十八日まで、約十ヶ月間の弘前滞在場所となった。「与一様附」の岩田右衛門兵衛・野呂嘉左衛門・長尾三郎右衛門・佐藤角大夫・広田伝之丞・野呂勝之進・鎌田又介・小山兵次右衛門らも同様である。

その翌日には、津軽家の菩提寺である長勝寺や報恩寺・隣松寺へ参詣することが触れられており、前もって準備が進められている。「将監屋敷」であった「与一様御屋敷」に専従して仕える者も定められ、表坊主二人・足軽三人などのほか、長尾善兵衛・伴長左衛門・生駒次郎左衛門・工藤久大夫の四人が「与一様江常附御徒」に選ばれている。彼らは「表より加人」とされ、江戸から随行してくる「与一様御徒」とともに、資徳の登城や参詣に「御供」をすることとなった。

寺社参詣・花火見物・湯治

弘前での資徳は、実に活動的である。これまでの江戸における謹慎生活の鬱憤を晴らすかのように、繰り返し屋敷外へ出かけている。ちなみに三〇二日間に及ぶ滞在中の行動を記すと次のようである。

弘前城登城—一五九日　津軽家家臣宅への訪問—二四日　寺社参詣—一八日
能・狂言・浄瑠璃見物—一三日　講習・講談拝聴—九日　津軽信政の来訪—四日
津軽家家臣への振舞—四日　相撲見物—三日　湯治（鰺ケ沢・浅虫）—二日
花火見物（千年山）—一日　遠乗り—一日

外出の中で最も多いのは、弘前城への登城であった。弘前藩主であり、実父でもある津軽信政に対面・挨拶をするためで、およそ二日に一日の割合で行っている。閏五月二十四日には「所々御櫓」を回り、初めて見る弘前城の姿を目に焼きつけていった。

登城中には、「御講談」の拝聴や「御慰之御能」を見物する機会が設けられ、資徳もそうした催しに参加している。その多くの場合は、料理を振る舞われており、「御相伴」にあずかっている。

信政が資徳の屋敷へ訪ねてくる場合もあった。閏五月二十三日に、信政「御成」の予定が六月六日と決められ、資徳の屋敷ではその対応に追われることとなった。当日は信政と資徳が「御相伴」をしている。

「江戸日記」にも江戸における両者の往来が記載されていたが、「国日記」も同様で、相互の来訪があれば必ず記されている。

また、信政が家臣の屋敷を訪問する際、資徳も同行することがあった。資徳と津軽家家臣は主従関係ではないため、この対面は主従の確認といった質のものではない。信政の実子ではあるが、すでに資徳は那須家の人であり、客人扱いとして迎えられたと見られる。

津軽家家臣の資徳屋敷来訪も多く、そうした際には岩田衛門兵衛が披露役となって、資徳へ紹介した。家老や用人を招いて、食事を振る舞うこともあった。ただし、資徳は知行・蔵米を得ていないので、結果的には津軽家側が負担したことになる。

六月十日には「西之御郭」で開催された相撲を見物している。資徳付きの岩田・野呂・長尾らも相撲見物がゆるされている。

登城に次いで多いのが諸寺社への参詣である。参詣先は長勝寺をはじめ、報恩寺・隣松寺・八幡宮・久渡寺・革秀寺といった、津軽家菩提寺など、ゆかりの深いところである。資徳付きの家臣などを引きつれて、方々出向いている。

八月十五日には「八幡宮御祭礼」が行われ、資徳は「御矢倉」で見物しているが、それに先んじて六月十二日、資徳が「初而御下向」のため「暉麗」(綺麗)にするよう命じている。馬に乗っての小沢海道への「御遠乗」(六月十八日)を行う例もあるが、そうした際には道筋の掃除が触れ渡されている。

また、六月七日には、信政は資徳を同道して千年山へ向かった。千年山は、信政が小栗山に楽園をつくり、千年山長楽園と命名したところで、そこで「御蕎麦切」を食している。

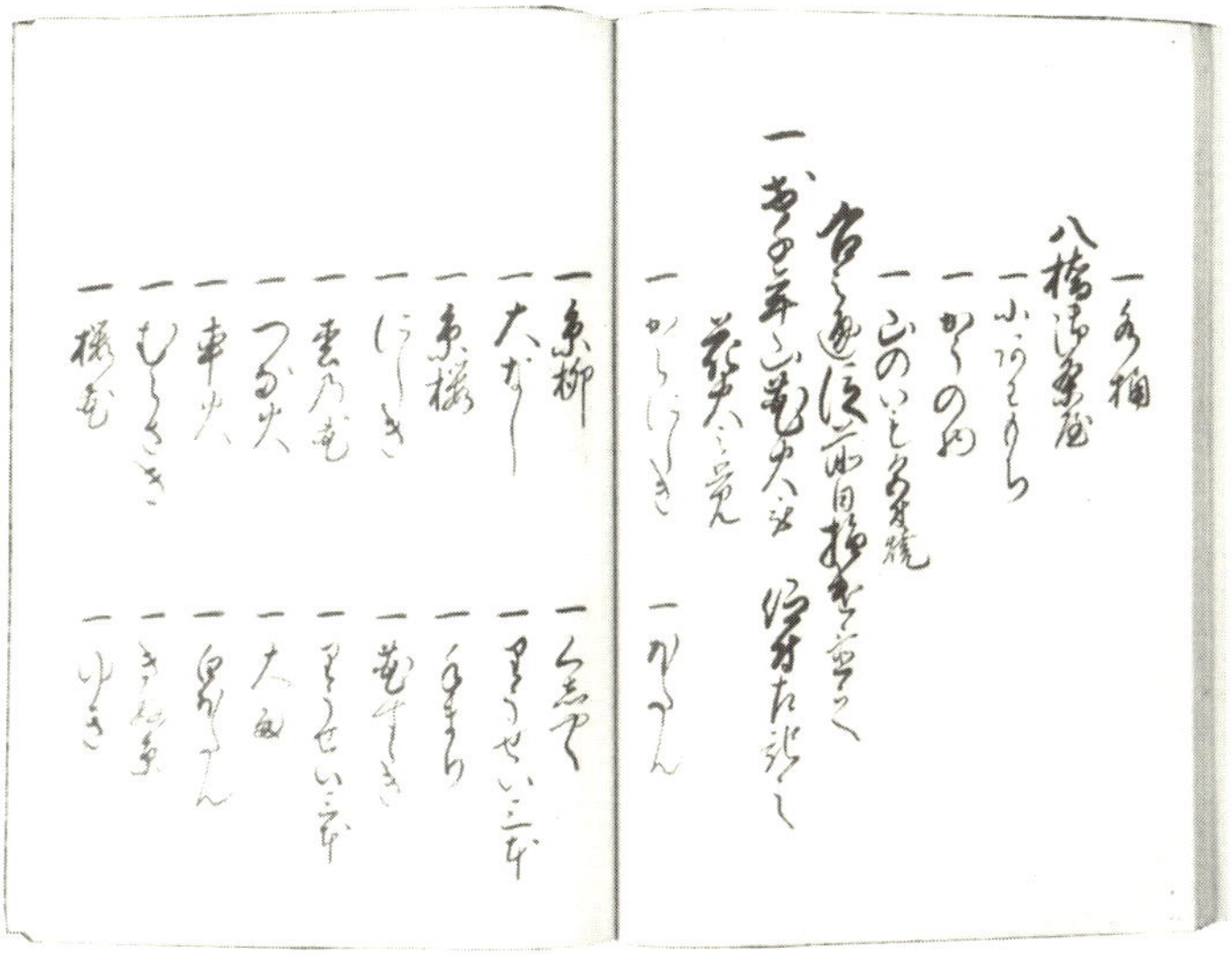

千年山の花火見物を記した「国日記」元禄７年７月13日条

七月十三日の千年山行きは大がかりなもので、「御供之面々」として挙げられているものだけでも百三十一人を数える。その中には岩田や野呂らも含まれている。さらに千年山現地で「御蕎麦切」を与えられる者もおり、「長楽亭」では信政・資徳の「御蕎麦切」が準備されたほか、「山中御茶屋」・「涼見之御茶屋」・「橋御茶屋」などでも葛・餅・心太といったものが用意されていた。

さらに、同所では花火が打ち上げられた。これは「親方町勘兵衛」に命じられ、「都合三拾五色」であった。「国日記」からは花火の名前も判明する。いくつか記すと、「唐にしき（錦）」「糸柳」「くしやく（孔雀）」「糸さくら（桜）」「りうせい（流星）」「大雨」「きぬ（絹）糸」「むらさき（紫）」「ゆき（雪）」「唐松」「したり（枝垂れ）柳」「大すすき」「山ぶき（吹）」「車火」「もくれんけ（木蓮華）」などなど。色合いや植物を名前にしたものが多く、美しい花火が八方へ散らばる姿が想像される。

いわば花火見物のための千年山行きで、信政・資徳は「未后刻」（午後三時頃）に出立し、「亥刻」（午後十時頃）に戻っている。夜半になることは事前に予定されていたようで、「御帰之節在々御道條松明出候様」と、帰路の道筋に松明を付けておくことが触れられている。日記に「御機嫌能　御帰」と記されていることから、信政も資徳も、花火を非常に堪能したのではないかと思われる。

もう一つ、弘前滞在中の行動に関し、特筆すべきこととして、湯治がある。「国日記」によると、資徳は信政とともに二度湯治に出向いていることがわかる。

一回目は元禄七年八月の鰺ヶ沢で、六月二十日には深浦における「与一様御宿」が定められ、秋田屋四郎兵衛が宿の修復を命じられている。鰺ヶ沢へ行く供連れには「与一様御供之面々」も加わっている。江戸から従ってきた、岩田衛門兵衛・野呂嘉左衛門・長尾三郎右衛門らも、資徳と常に行動をともにし、湯治先へ向かったのである。同日には、「与一様御留守居昼夜相勤候面々」として、目付斉藤次郎右衛門等七名に留守となる資徳屋敷の勤務担当が命じられている。一行は八月五日に鰺ヶ沢（西浜）へ到着し、帰路は木造へ出て、秋田藩領との国境を見てから同月十三日に弘前へ戻っている。

二回目は翌九月で、行き先は浅虫であった。こちらも信政・資徳は同行しており、九月十二日に弘前を発ち、浅虫（東浜）にしばらく滞在したのち、十月六日に弘前へ戻った。

弘前藩領の西へ東へと向かっており、これらの湯治は「平山日記」や「永禄日記」にも記録されている。

「永禄日記」は、藩主の湯治は道や橋の普請を増大させるので、「難義」であるとも記している。

以上、弘前での資徳は登城・寺社参詣、能・相撲・花火の見物、そして湯治など、いずれも江戸における謹慎生活では見られなかったような開放的な日々を過ごしていた。これらは決して幕府から咎めを受けるような対象にはならなかった。すべては預け先である津軽家に任されており、受け入れた津軽家側も柔軟に対応していたのである。また、「国日記」には「与一様初而就御下向」・「与一様当年初而御下向」といった表現が多く、国元では「御下向」と認識されており、罪人が来たという感は全くない。

なお、元禄七年十月二十六日条の「国日記」によると、「与一様御徒」の鎌田又助に関し、次のようなことが記されている。

鎌田は老母を養育しており、ほかに親類もいないため、弘前に下って、そこで養育したい旨を江戸で出願していた。その願いがかない、「御供」に加わり、国元で「母一所」に暮らしていた。しかし、召使いの者もいないので、鎌田が勤番をする際の「食事之営等」は老母自身が行っていた。そこで、「相応之者」との祝言が調うよう、徒頭から願いを出すこととなった。

資徳の弘前入国は、彼に随行した家臣たちにとっても大きな出来事であった。鎌田にとっては国元に残した母と過ごす、またとない機会であり、願いを出して同行した。日記は単に経緯を書き留めただけのものに過ぎないが、再会した息子と母の喜びが行間から伝わってくるようでもある。

弘前滞在の情報

誕生以来、江戸で過ごしてきた資徳にとっては、これが弘前初入国であり、最後の弘前生活ともなった。数ヶ月間の弘前生活を満喫したことだろう。とはいえ、資徳は信政へ預けられた身であり、幕府の許可は得たものの、道中も密かに行動し、罪人のままで弘前に滞在していたのである。

しかし、資徳が弘前に滞在している情報を知っている者は、意外と多く存在したようである。ここでは二つの事例を示そう。

一つ目は、秋田藩佐竹家の例である。

当時の秋田藩主は佐竹右京大夫義処《よしずみ》で、元禄七年に嫡子の修理大夫義苗《よしみつ》が秋田への初入国を果たした（義苗は家督相続前の元禄十二年に死去する）。その際、義苗は信政への挨拶状を使者山形民部に託して弘前へ向かわせた。もちろん、信政が帰国していることを承知の上である。

しかし、信政は資徳とともに浅虫滞在中で、山形が持参した書状は浅虫へ届けられることとなった。注目したいのは、義苗の書状が信政宛だけではなく、もう一つ、資徳宛の「御口上」も伝達されていたことである。その書状を浅虫で披見した信政と資徳は、返書を記し、弘前で待つ山形のもとへと送った。

元禄七年九月二十八日の「国日記」によると、資徳から「御返答」と「御口上」が山形に伝えられた。まず、「従　与一様修理大夫様江御返答」にはこうある。

越中守方江御使者被遣候付、私方江も御口上被仰下、且又越中守方江茂御加筆之趣致承知、旁以意奉存候、先以、御手前様先頃初而御在所江之御暇被仰出、今程緩々と御休息被成由目出度存候、私儀も無実罷在候、被懸御心被仰下候趣不浅奉存候、先達而越中守方より以使者申上候節も、御伝言をも申上度存候得共、態差扣申候、此旨宜様御心得候而頼入候、

［現代文訳］

義苗様から信政への使者が遣わされたばかりか、私資徳へも「御口上」を下さり、また信政への手紙に私のことも加筆いただき、誠にかたじけなく存じます。まずは、義苗様に初めて「御在所」秋田への暇が与えられ、今程はゆっくりと「御休息」されていることと、喜ばしく存じます。私も何事もなく過ごしております。お心をかけて下さることはとてもありがたく存じます。先達て信政から使者をもって送りました際も、私からの「御伝言」を申し上げたかったのですけれども、あえて差し控えることにいたしました。この旨、どうか御心得いただきたく、頼み申しあげます。

これが伝えられた後で、「与一様より山形民部」への「御口上」が「御使者小山内新右衛門」を通じて山形に披露された。

那須与一被申候ハ、此度越中守方江為御使者御出、遠方御太儀存候、懸御目御返答可申入候得共、越中守致湯治候付、拙者儀も罷越候故、面談ニ不申入候、

［現代文訳］

資徳が申すには、この度、信政への使者としてお越しになり、遠方のこと大儀に存じます。お目に

かかって御返答申しあげたいところですけれども、信政が湯治をするのに、私も同行しましたので、お会いすることができずにおります。

義苗は資徳も弘前に滞在していることを事前に知っていればこそ、初入国の挨拶文を資徳宛にも出すことができたのであり、藩主佐竹義処も認知していただろう。これに対して、資徳は一度、返答をわざと控えているが、再度にわたる挨拶に答えざるをえなかった。

弘前に来る以前も、弘前滞在中も、また江戸へ戻ってからも、資徳は他家との交際関係を持とうとはしていない。その中にあっては珍しいケースであるが、秋田藩側が滞在情報をつかんでいたことは注目されよう。

二つ目は、浪人中根団右衛門の例である。

中根団右衛門なる浪人者が弘前を訪れ、資徳に召し抱えてほしいと訴え出ており、「国日記」元禄八年二月十一日条に、それに対する津軽家側の回答が記されている。

其方儀、爰元迄遠方被参候事奇特成事与存候、役人中より御家老迄其段申達候処、与一様只今之内万端御慎之事ニ候得ハ、御人之御入用茂無之、被附置候人さへ可被遊様なく候得ハ、まして新敷被召抱訳ニ茂無之候、与一様江之心懸を　越中様江可被　召置様茂無之候、然上者可被成様茂無之候御事ニ候、其方壱人如斯与有之候得ハ、又々例ニ茂成、旁以難被成候間、江戸江茂被罷帰、外之御主をも御取候而可然候、是迄被参候ニさへ路銀等難儀可被致候、又々罷帰候ハ、其路銀ニ茂被仕候様ニ与、御家老中より銀三枚被遣候、尤　与一様江茂御序有之、御家老中より委細被申上候由ニ候得共、右之通ニ候間、左様ニ可被相心得候、

［現代文訳］

遠方にもかかわらず弘前まで来られたことは大変「奇特」なことと存じます。担当した役人から津軽家家老までご希望の旨を伝えましたが、資徳様は「只今之内万端御慎之事」なので、「御人之御入用」もなく、附属する人さえもいない状況です。新規に召し抱えることはできませんし、信政様が召しおくこともありません。

あなた一人を召し抱えることが、のちの前例になってしまうわけにはいきませんので、江戸へ帰って、「外之御主」をお探しください。弘前へ来るのに路銀も難儀したでしょうし、また帰るとなればその路銀にも困るでしょうからと、家老から銀三枚が渡されました。このような結果になりましたので、お心得ください。

このことを伝えるため、弘前藩の徒頭竹内仁兵衛と目付武田藤右衛門が「団右衛門宿」へ行き、竹内がその場で銀子を渡している。

資徳が謹慎中であることを理由に、召し抱えられない旨を申し渡している。中根はわざわざ江戸から弘前まで来たようで、藩からは路銀を与える温情を示しているが、雇用できないことに変わりはなかった。

確証は得ていないが、中根は那須家旧臣かもしれない。旧臣に中根姓の者がいるのはたしかである。ま

た、当時の浪人の雇用に対する行動力を見ることもできよう。

そして、本来江戸で謹慎中の資徳が、弘前に滞在していることは、幕府や津軽家の人間だけではなく、秋田藩や一浪人も知るところとなっていたのである。特に浪人の中根が、その情報を掴んでいたことは、意外と多くの人の知るところであったことを示唆している。

元禄八年三月十五日の「国日記」によると、「狄にいへてい」が「与一様江　御目見」を行い、「串海鼠弐連」を資徳に献上しているという記事も見ることができる。

再び江戸へ

信政は参勤交代のため、再び江戸へ向けて弘前を出立することとなり、出立日が元禄八年三月十八日に決まった。

前月の二月一日「国日記」によると、資徳の津軽家家臣宅訪問の日程が発表されている。日程・訪問先は、二月六日に高倉主計、七日に津軽織部、九日に津軽靭負、十二日に津軽左門、十三日に瀧川藤九郎、十五日に大道寺隼人、十六日に渡辺清右衛門、十八日に津軽玄蕃、十九日に進藤庄兵衛、二十八日に津軽外記と定められた。数日に一度の割合の訪問となる。資徳と津軽家家臣との別れの宴が、相手を替えながら繰り返されることとなったのである。

そして徐々に出立の準備が進められ、間近に迫った三月十三日、資徳は江戸家老津軽将監宛の手紙を認めている。資徳の花押がおされ、弘前での生活についての感想も述べられた珍しい史料である（「那須」二一）。

一筆令啓達候、先以
大奥様弥御安全ニ被成御座、於御中屋鋪も、
御二所様并幸姫様御平安ニ被成御座候旨承知仕、旁乍憚目出度御事ニ奉存候、此御地
殿様倍御機嫌能被成御座奉恐悦候、然者、去朔日ニ者、
羽州様御登　城被遊、
御講談　御拝聞被遊候由、恐悦御同前奉存候、将又昨十二日ニ者、従
太守様御料理被成下、為御馳走御能被仰付致見物、其上品々拝領申、段々被為入御念候御事難有仕合、
兎角不被申達候、我等大悦不浅奉存候、右之刻、衛門兵衛・加左衛門・三郎右衛門ニも御料理被成下、
御能も　見物被　仰付、重々難有奉存候、右之御祝儀、又ハ昨十二日之御礼も為可申達、如斯ニ候、
恐惶頓首

［現代文訳］
江戸の「大奥様」においてはますます「御安全」のこと、中屋敷の「御二所様并幸姫様」においても「御平安」のことと存じます。こちら弘前では、「殿様」（信政）もますます御機嫌よく、恐悦に存じます。去る一日には「羽州様」（信寿）が江戸城に登城され、「御講談　御拝聞」なされた由、同じ

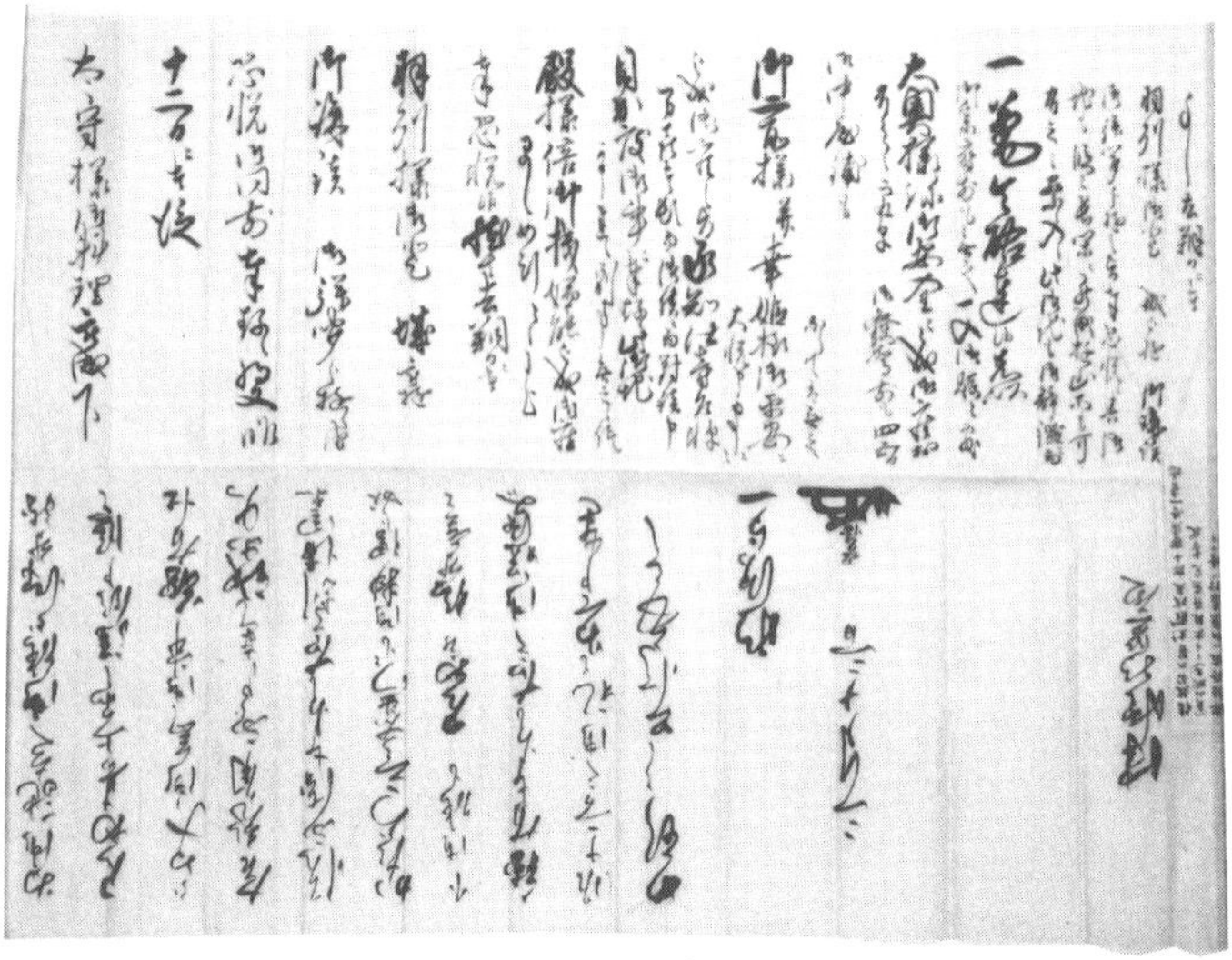

津軽将監宛の那須資徳書状（「那須」21）

く恐悦に存じます。

　こちらは昨十二日に「太守様」（信政）から料理を賜り、能も見物させていただき、品々を拝領し、誠にありがたいことと思い、とても大喜びしております。（岩田）衛門兵衛・（野呂）加左衛門・（長尾）三郎右衛門にも料理を下さり、能見物もゆるされ、重ね重ねありがたく存じます。右の祝儀と昨日の御礼として申し上げます。

　なお、昨一日に「羽州様」（信寿）が「御講談御拝聞」なされたこと、恐悦に存じます。江戸においても遊山などをされているのではないかとお察しします。こちらも静謐で、参府前にとりわけ賑やかになっております。もはや「御発駕」まで四、五日となり、大喜びいたしております。

日付は「三月十三日」とあるのみで、年次は記されていない。しかし、資徳の「此御地」と将監の「其御地」は別空間であること、信政は資徳と、信寿は将監とともにいることがわかる。資徳は信政の近況を知らせ、将監が信寿の近況を知らせてくれたことを喜んでいる。そして、信寿が「御講談御拝聞」をしたのは江戸城であり、信政の弘前「御発駕」が間近になっているとする。

すなわち、この書状は資徳の弘前滞在中、元禄八年三月十三日のものと考えられる。弘前出立は三月十八日であり、時期的にも一致する。出立を数日後に控えた資徳が、拝借していた屋敷の持ち主でもある将監に対し、御礼と報告を手紙に認めているのである。資徳も、岩田・野呂・長尾の資徳附属家臣も、料理や能を楽しんでおり、「我等大悦不浅」や「重々難有」など、弘前での充実した生活ぶりが伝わってくるようでもある。

そして、信政と資徳は三月十八日に弘前を出立した。江戸へは四月六日に到着するが、同日の「江戸日記」によれば、信政は表門より自分の屋敷に入ったが、資徳は信政と時刻を移したばかりか、屋敷の「裏御門」から直接自分の「御部屋」へ入っている。罪人であることに変わりはなく、外聞をはばかっての行動であった。弘前のように立ち振る舞うわけにはいかず、堂々と江戸を歩くことは依然として不可能だったのである。

ところで、元禄十五年八月一日、幕府からの要請により、津軽家用人勝本藤左衛門が大目付近藤用章に提出した「近藤備中守様致持参候書付之写」（国文学研究資料館「津軽家文書」）という史料がある。これは過去・現在にわたる「御預人」調査依頼に対して、弘前藩側が返答したものである。

その一条目には、現段階で津軽家への「御預人」はいないとする。二・三条目には、数十年にわたり津軽家が身柄を預かっていた栗原泰芸と柳川豊前のことが記されており、他に十二・三人の「御預人」がいたけれども、いずれも赦免あるいは死去しており、かなり以前のことなので詳しくはわからないという文言で結ばれている。

この時すでに、資徳は再興された旗本那須家の当主となっていたが、その身柄を津軽家はわずか二年前まで預かっていた。にもかかわらず、資徳のことを挙げていないのは、栗原・柳川と並ぶような「御預人」とは考えていなかったことを示している。改易当時、たしかに資徳は信政への「御預ケ」とされたが、他の「御預人」と同一視されておらず、そのため対応も異なっていたのである。後代に編纂された「年代記」(八木橋文庫)にも、幕府からの「御預人」として栗原・柳川ら二十二人が挙げられているが、資徳の名はない。

柳川豊前調興《しげおき》は、日朝間の国書改竄事件「柳川一件」の当事者として知られている。対馬藩主宗義成《よしなり》と重臣柳川調興の対立の結果、将軍家光の親裁によって、寛永十二年(一六三五)調興が津軽へ配流となる形で決着した。その後、貞享元年に死去するまで、調興は弘前城下で四十九年間生活していた。

一方、栗原泰芸はほとんど知られていない人物であろう。弘前市立弘前図書館「八木橋文庫」に、天和二年(一六八二)六月の「栗原泰芸御預之覚書」という史料がある。泰芸の祖父栗原加賀は、美濃国の代官をつとめていた際、越度によって酒井忠利に「御預」となり、元和七年（一六二一）に七十四歳で切腹が命じられた。加賀の子清助はすでに死去していたが、孫四人もそれぞれ「御預」となった。二十二歳の権平は本多正純、十九歳の牛之介は土井利勝、十七歳の泰芸（俗名千松）は上総の代官高室昌成《まさなり》、十五歳の平三郎は安藤重信が預け先であった。のちに泰芸は津軽へ預け替えとなり、八十一歳を迎えた天和二年時も健在であり、ここで八人の子供（内二人はすでに死去）をもうけたという。

第七章　酒井忠能と井伊直興

同じ天和～元禄期、改易を命じられた駿河田中藩酒井忠能《ただよし》は、彦根藩井伊直興《なおおき》へ身柄を預けられ、赦免後に旗本として御家再興を果たした。ここでは、本書主題の比較材料として、その一連の動向を見ていくこととする。

酒井忠能の彦根藩預け

酒井日向守忠能は忠行の二男として寛永五年（一六二八）に生まれた。四歳年長の兄忠清は家綱期の大老として知られている。正親・重忠・忠世そして忠清と続いた酒井雅楽頭家は、三河松平時代からの徳川家譜代筆頭の家柄であり、多くの老中・大老を輩出した。

父忠行の死去に伴い、家督は嫡男忠清が相続したが、忠能も上野・武蔵両国内二万二五〇〇石を分知相続した。家綱誕生後はその附属となり、西丸で増山正利と交替で宿直をつとめるなど、家綱を幼少時から支えた。寛文二年（一六六二）六月四日には信濃小諸三万石、延宝七年（一六七九）九月六日には駿河田

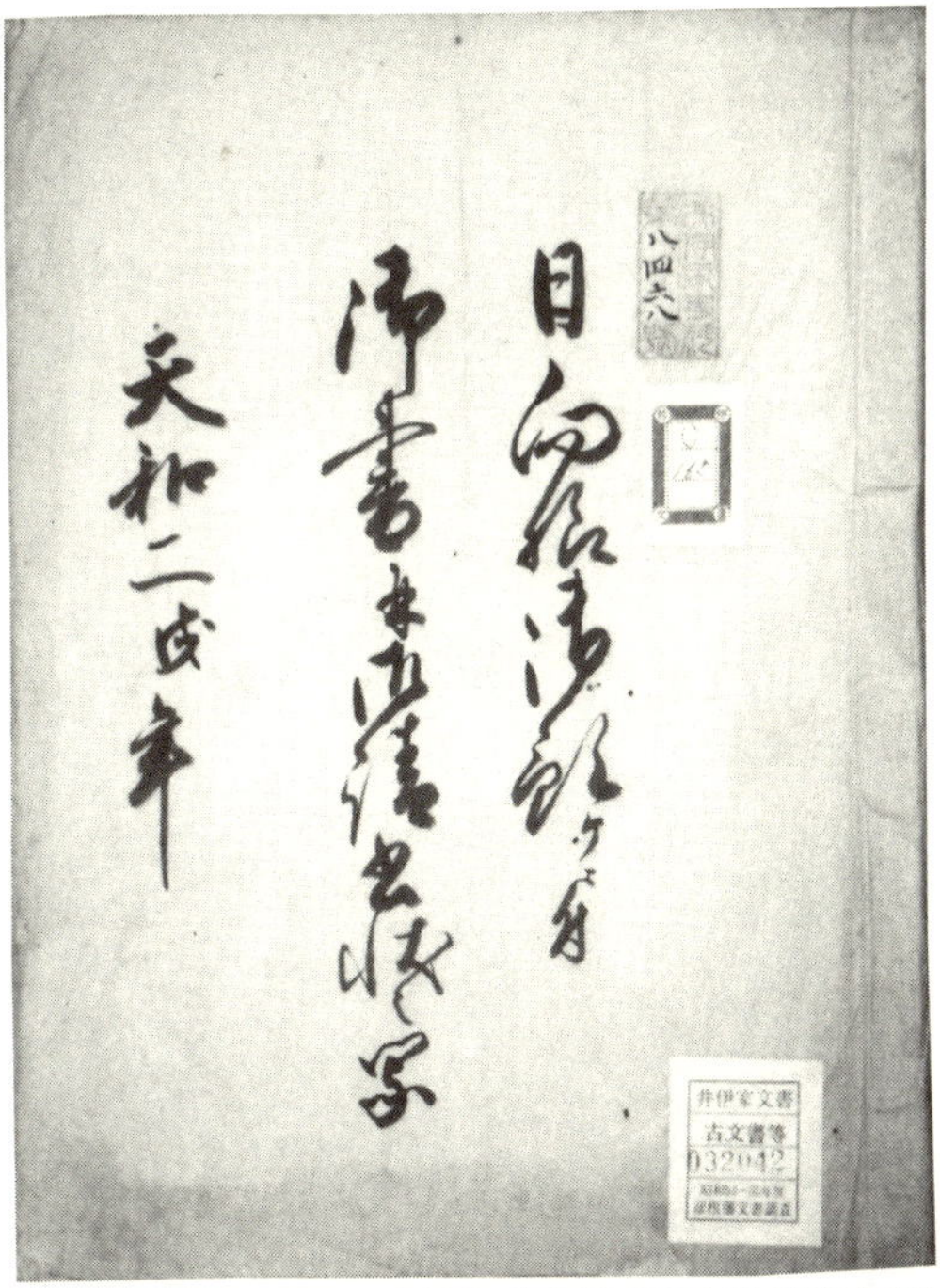

「日向様御預ケニ付御書并御請書状之写」(井伊家文書)

中四万石を拝領した。

しかし、綱吉将軍就任直後の天和元年（一六八一）十二月十日、忠能は改易を命じられ、身柄は近江彦根藩主井伊直興（のち直該《なおもり》）に預けとなった。その理由は、忠清の嫡子で、同年二月に家督を相続した忠挙《ただたか》が、逼塞を命じられた際、忠能も参府して出仕を遠慮すべきところ、国元に滞在したままであったことや、日頃の行跡が悪く、家臣や領内の仕置も不評であったためである。

それから八年四ヶ月後の元禄三年（一六九〇）四月十九日、六十歳の時、恩赦により罪が赦された。八月十五日には蔵米二〇〇〇俵を与えられて寄合となり、のちに五〇〇〇石を拝領した。

その預けの時期に関する史料が彦根城博物館所蔵の「井伊家文書」に残されている。「日向様御預ケニ付御書并御請書状之写　天和二戌年」との表題が付されており、藩主直興や彦根藩家老の関係書状などが書き写され、一冊にまとめられたものである。以下、この史料を典拠とする。

冒頭の「覚」は、天和二年一月十五日、江戸に滞在していた直興が、彦根の国家老木俣半弥守長・庵原助右衛門朝英・三浦与右衛門元炫・長野十郎左衛門業利に宛てたもので、酒井忠能に関する指示を行っている。彦根藩預けが決まって一ヶ月後の書状であり、忠能が彦根に到着するより前に触れられたものである。

まず、忠能には扶助米五百俵が支給されたことと、単身ではなく家臣を連れて彦根に来る予定であることがわかる。この支給は幕府が行ったもので、彦根藩から付けたすことは無用であると、幕府老中から指示されていた。彦根藩では、塩・薪・酒や肴・野菜などの「請払帳」を作成し、忠能の家来と相互に確認しながら、井伊家家臣の岡沢左市が吟味の担当となって、みだりにならないように「細成帳面」を仕立てることとした。

料理人については彦根藩から附属させ、忠能主従の料理も用意するよう指示している。衣類は毎年彦根藩側で準備するが、それ以上の追加分は忠能側に米が余った場合の先方次第とされている。小袖や寝具の「当年分」は、忠能が江戸に滞在している間に準備するが、袷や帷子は彦根で用意しておくこととされた。また、忠能の家来が彦根の町中などに外出することは無用で、もし用事がある場合は彦根藩の者が出向くこととなった。

さらに台所へは入らせないようにとしたが、これには理由があった。「刀・脇指・小刀・はさみ風情」

は持たせないようにとの一文がある。台所では調理の関係で必然的・日常的に使用するため、特に注意を呼びかけているのである。

刃物に関しては、髪結いの際にもハサミを使用するが、忠能の髪結いは「はさみ番之者」をもうけ、終了した際に受け取って持ち帰るようにとされた。これは、江戸でもそのように行っており、使用しない時は戸棚の中に入れて、錠を下ろすようにとも指示している。

刀にしてもハサミにしても、乱心や自殺を防ぐため、忠能の周囲から刃物を遠ざけたのである。幕府から身柄を預かっている以上、その預かり期間に不祥事を起こされることが一番の問題であり、それを回避する一手段であった。

そして、この「覚」の文末も非常に興味深い。右のような掟を決めたが、最初は互いに隔心があるので正しく遵守されるであろうが、次第に慣れてくると、いずれは「ゆるかせ」（忽せ）になってしまい、「物毎ぢたらく」（自堕落）になるので、忠能の預かりは大事であるから、初心をもって後々までつとめるようにと堅く申し付けている。それは幕府、忠能、さらに井伊家のためでもあり、「大事之事」と認識するよう直興は家老に命じたのである。

彦根での謹慎生活

もう一つの同日「覚」も直興が家老に宛てたもので、忠能周囲を警備する当番の体制も定められた。一日四組体制で、担当者は昼夜を問わず番所に詰め、足軽には「惣かこひの廻り」を巡回させることとした。事前に定められた人物以外は、一切の「出入無用」となった。

ここでも刀に関することが触れられている。刀所持の注意は彦根藩の家臣も同じで、門番所に置いたままとし、玄関へ入る時から無刀の「丸腰」姿とならなければならなかった。これは「番之者」はもちろんのこと、「御見廻ニ参候衆」も同様とされた。

火の元に関しての注意書きもある。忠能の乗物は番所脇の定位置に常置し、もし火事などがあった場合は、それに急いで乗せて台所にいる者に担がせ、当番の者とともに火事場から離れるようにとされ、「一大事之儀」なので油断なきようにと定めている。特に台所は常に火を扱う関係で、その見回りを徹底させたのである。

そして、忠能の料理や身の回りを担当する者として、「料理人」須田四郎左衛門・吉田八左衛門、「うをやき」（魚焼き）長五郎・伝介、「めしたき」（飯炊き）喜兵衛・伝三郎、万役人与兵衛、「板之間働万」五人、「町小使」二人、「坊主」二人が選ばれた。彼らは交替で勤務し、小雑用をする「小賄」二人は彦根で探し出すとしている。坊主については、江戸から赴かせる者と彦根にいる者とを交ぜて、交替で勤務することとされた。

四日後の一月十九日「覚」二通も、忠能の生活内部に関わる規定を、直興が家老に指示している。まず一通目では、忠能の住居は台所座敷の縁の下に風窓だけを開け、それ以外は犬や猫も潜れないように塞ぐこと。もし忠能から振る舞いなどの誘いがあっても、一切出向いてはいけないこと。忠能の家臣が髪結いを希望した際は、ハサミを渡して、終わったら戻させることとし、毎度戸棚へ入れて錠を下ろすこと。忠能のことばかり念を入れるあまり、その家臣に対しての油断をしないこと。忠能の家臣が月代を剃ることを願った場合、まずこちらへ伺いを立てること。彦根藩の家臣も刃物の所持には特に注意すること。家財道具などはこちらで一通り準備しておくが、さらに忠能側が風情な物や好みの物を希望する場合は、先方次第とすること、などを定めている。

次に二通目では、門の出入りは「明六つ過」（午前六時過ぎ）から「暮れ六つ」（午後六時）までとし、夜中は「出入無用」とすること。料理人が扱う包丁などは、片付けた後に戸棚へ入れ、鎖をかけておくこと。節句日などにおいて、忠能のところへ一日の内に入れかわり立ちかわり出向くと目立つので、日を替えて一人ずつ行くこと。そして、忠能は「公儀専ニ被相勤候人」なので、万事においてその心得を忘れず、油断やみだりになることのないよう堅く命じる、という内容である。

同年と思われる三月六日付け「覚」によれば、忠能が連れてきた草履取りには暇を取らせて、その代わりの者を彦根で用意すること。その者は一ヶ月に一度か二度、町へ出させてよいが、戻ってきた時は衣類などを払って、刃物がないかどうかを吟味することを命じている。刃物には細心の注意が向けられていたのである。

こうして、幕府から預けられた忠能に関する、国元彦根での対応が直興から指示された。年不詳（おそらく天和二年）の三月二十四日付けの「覚」によれば、彦根における忠能の住居が急ぎ準備され、間もなく完成する段階となっていた。その場所は彦根城内の通称「山崎郭」と称されるところで、史料中には「山崎御家」と記されている。山崎郭は彦根城北側の一角で、三方を堀に囲まれており、隔離するのに適した場所であった。

彦根城絵図（「井伊家文書」　上部に山崎郭、中央部に天守閣、下部に本丸御殿）

天和二年十一月十七日には、各番所の担当者や勤務のあり方が再度触れられている。その中の「山崎御門通シ可申覚」によると、忠能の住居内へ出入りできる者として、以下の名前が挙げられている。年寄中・岡本半介・青木十郎兵衛・三浦半蔵・石居半平・今村忠右衛門・松居武大夫・石原甚五左衛門・中居十次兵衛・

冨上九兵衛・御目付衆・御医者衆・岡沢左市・青木甚右衛門・辻平内・野添市右衛門で、医者なども含まれていた。また、御足軽・小役人・御料理人・御掃除坊主・御台所人之下番は「札ニ而出入可仕分」とされた。所定の「札」を所持すれば出入りが可能となった者たちである。

「表向」と「内証」

また、天和二年と思われる十一月五日付けの家老宛直興書状には、興味深いことが記されている。忠能の「番之者」が、預けられた初めの頃とは違い、「居なしミ」（馴染み）になってきているので、「くつろき番仕様」となり、不作法になっていることが直興の耳に入った。見回りに行った時は急に取りつくろうので通常と変わらずに見えるが、今後は不届者がいれば呼び出すので、堅く申しつけること。岡本半介・青木十郎兵衛は、たびたび「番之者」の様子を見回ること。目付も毎日、時間帯を定めずに見回り、不作法の者がいないか確認し、隠しおかないこと。忠能は「公儀専なる御人」であること。忠能の賄いは、幕府からの支給で「年中入用」をするようにと幕府「御老中御内談」があったので、「表向」はその通りとし、馳走がましきことは「公儀江之憚」になるので一切禁止する。しかし、「内証」は万事において不自由であり、迷惑しないように、不足分は「少々物入」をすることも構わない。「内証」は不自由とならないように岡沢左市へ命じ、忠能の家臣にも不自由や迷惑をさせないように相談すること。大まかなことは江戸から常に命じているが、紙面に記していないような細かなことは、国元でしかるべきようにすること、とある。

直興は忠能側と彦根藩の警備当番の関係が「居なしミ」となって、不作法になっていることを憂慮している。そこで、目付らに見回りをさせ、彦根藩側の不届者を詮索させたのである。罪人を預かっているのではあるが、時が経つに連れて、預かる側にいる担当者の意識が緩くなっていた実態が判明する。また、「表向」と「内証」を使い分けているところは注目に値する。直興も忠能主従の不自由は承知していたようで、「表向」は何もしないこととしているが、「内証」は非常に気を遣っている。直興主従と忠能主従の関係の内実は、非常に良好なものであった。

緩和傾向はさらに続く。忠能の身柄を預かって約二年後の貞享元年（一六八四）一月、ある変化が見られる。忠能も家臣も、家の中にいるだけでは「窮屈」で「煩」ってしまうので、老中阿部豊後守正武に伺いを立てた。阿部からは、「外へ出」ることは無用だが、家の周囲を歩くことについては、番を担当する彦根藩家臣が同道すればよいという回答を得られた。軟禁状態は続いているが、幕府へ尋ねた上で、対応を緩和したのである。

五月六日（年不詳）には、忠能と家臣の「衣類せんたく」（洗濯）を「御城下町」で行った場合、彦根藩の杉山伝右衛門が念入りに改めてから忠能家臣へ渡すこととされた。九月一日（年不詳）には、忠能主従が病気になった際、薬や鍼による療治は、場合によっては「町医者」にさせても構わないとしている。

さて、この史料の前半部は「御書」、すなわち藩主直興が江戸から国元の家臣へ指示を下した書状である。後半部は彦根藩家臣間における書状十四通で、内訳は「天和より貞享年中迄之御請留より書抜」十一

彦根城山崎郭

通（A）、「直状ニ而書抜」一通（B）、「江戸御用状之留より書抜」二通（C）からなる。

特筆される部分のみを述べると、まず（A）では、天和二年三月十六日、すでに忠能は彦根に滞在しており、住居となる「山崎御家」は、塗り壁が乾けば移ることができる段階になっていた。「山崎御家」屋敷内は打ち釘を一切使用せず、すべて木で普請していた。

同年七月五日のものは、宇治茶を忠能へ差しあげるようにという直興「思召」を記す。同年十一月二十一日付けでは、「居なしミ」となって不作法にならないよう注意している。翌天和三年三月十三日には「打続御息災」とあり、忠能の健康は維持されていた。宇治の茶を昨年同様差しあげることが、同年六月二十一日付けのものに記されている。

しかし、貞享元年になると、忠能の周囲に病人が多く出てきたようである。八月十三日付けによれば、忠能の監視・警備を担当した彦根藩「御知行取衆」八人中五人が病気であるという。八月二十九日のものによると、忠能の家臣も彦根藩の家臣も煩っており、困惑した状況となっていた。

直興は元禄二年に日光東照宮修復の惣奉行を担当したが、元禄元年十一月二十七日付けによると、それが幕府から任じられたことに対して、忠能からの祝儀の使者が送られたことがわかる。元禄二年四月十六日には忠能へ「例之通」に「端午之御帷子」が贈られていること、元禄三年三月二十三日には腫物ができた忠能に薬が渡されていること、忠能の担当番が交替することなどが記されている。

また（B）からは、天和二年二月二日、忠能所有の刀が錆びることのないように、「山崎御家」へ移った際に番所へ移し、鎖と錠をして厳重に管理するように指示のあったことがわかる。そして、天和二年三月十二日の（C）は、忠能の刀も、忠能家臣五人の刀・脇指も、草履取りの脇指も、「山崎御家」へ移すことや、忠能家臣岩嶋多左衛門の腫物に対する薬療治が指示されている。

赦免と御家再興

そして、元禄三年「午四月十九日」、大久保・阿部・戸田・土屋四名の老中連署奉書が直興に渡された。それによれば、身柄を預っていた忠能が赦免され、それを直興から忠能へ伝えるようにと命じられている。

それから一ヶ月も経たないうちに、忠能主従は江戸へ向かうこととなる。その行列構成を記した「元禄参庚午五月十四日ニ日向殿彦根御立御供衆」によると、忠能に付き従ったのは総勢五十四人で、「日向殿家来衆」らが含まれていた。四人の「日向様御家来」は先に江戸へ向かっている。

また、忠能の赦免直後、彦根から江戸へ向けて出立する前に、さまざまなことが取り決められている。同年四月二十八日付け書状は十二通あり、その内容は細部にわたる。

最初の①では、冒頭に四月二十二日の老中からの指示を記す。忠能に付き従う「侍知行取」は三人か四人、「歩行侍」は十人程度、「足軽」は四人か五人とし、道中の持鑓は一本、引馬は無用とすること。忠能が江戸に到着したら、すぐに一類中へ伝達すること。忠能と家臣の刀や脇指は、「彦根発足之時分」に渡すこと。東海道が参勤交代の時期にあたるので、中山道を通ること。忠能も家臣も「長髪」のまま江戸へ来ること。

以上のことが老中から直興へ命じられた。忠能主従は彦根出立段階で刀を受け取ることができたが、諸大名の通過する東海道は回避し、月代を剃らずに「長髪」で道中を進むなど、謹慎状態のままであったのである。

これを冒頭に記した上で、直興は国元の木俣清左衛門・庵原助右衛門・中野助太夫へ次のことを追記している。老中が命じた書付のとおりにしたのでは、とても「間ニ合不申」（足りない）と思われるので、「少々御指図より者人数多く」すること。ただし、目立つのは忠能のためにも井伊家のためにもよくないので、その点は配慮することとある。

幕府の指示遵守は原則であるが、それを承知の上で、直興は実情に見合った人数を調えるよう命じている。徳川譜代筆頭の彦根藩主とはいえ、表向と内証の対応は違うのである。

四月二十八日付け書状の②は、忠能に同行する医者安達玄悦に関するものである。忠能は道中において医者を必要とする場合もあるだろうから、江戸まで安達を供に加えること。しかし、路次中は忠能の乗物よりも一、二町（一町は約一〇九メートル）後方を進み、宿泊先では忠能の宿に来て、体調に何事もなければ自分の宿に帰るようにすること。つまり、同行はさせるが、あえて少し離れた距離で江戸へ向かわせたのである。

次に③では、忠能の宿泊先においては二人ずつ詰めること、④では乗物をかつぐ六尺八人や鑓や挟箱を運ぶ中間の人数が定められている。⑤では、江戸へ向かう道中、忠能の一類から使者や飛脚が来るかもしれないが、老中の「御指図」により、密かに江戸へ来るようにと命じられているので、忠能とわかっている者であっても、彦根藩の家中の者であるかのように応対することとされた。

また、⑥も道中に関することである。老中の「御指図」で、忠能は木曾路を下ることとなったので、十日で江戸へ着くように考えること。井伊家が使用する「我等宿」に泊まることとするが、「我等泊候と違」って、番所などは立てないようにすること。挟箱は一つとされたが、忠能が不自由であろうから、もう一つを先発させ、宿へと先に運んでおくこと。「長持」（箱）がなくては寝具などを入れるところがないので、二つか三つを彦根で準備し、挟箱同様、前もって宿へ運ぶこと。二人の草履取りは、中間の中から「若き才覚らしきもの」を選ぶこと。供回りが見苦しくならないように、衣服を用意すること。木曾路を通ることになるので、道中の料理で扱うものなどは事前に持参していくこと、などである。

さらに、⑦は忠能の駕籠に付く者などの人数と名前、⑧は宿泊先や休憩先の「亭主」に金銀を渡すこと、⑨は忠能が彦根を出立する際に刀を渡すこと、⑩は近い内に忠能が彦根を出立すること、⑪は監視役の宇津木・宮崎が病気になった場合は正木舎人が代役をつとめることが触れられている。最後の⑫は道中の馬に関することである。

そして、忠能が彦根を出立する二日前、五月十四日の書状によると、忠能は江戸に到着次第、そのまま「酒井河内殿下屋敷へ直ニ」向かうこととされた。「酒井河内」は忠能の兄忠清の息子忠挙である。これは忠挙が叔父忠能の件を老中へ願い出たためで、その願いどおりに許可されたのである。また、忠能は赦免が伝えられてから、彦根を出立する前に各所を回っておきたいという希望があったようで、忠能の家臣も彦根城下町へ出ることを望んでいた。これを江戸で聞いた直興は、「望之通」にしてよいとしたが、江戸からそれを伝えても、すでに彦根を発足した後になるかもしれないので、忠能主従への返事はする必要がないと、家老に回答している。

五月二十三日、忠能一行は無事に江戸へ到着し、忠挙の下屋敷へ直行した。

さらに、八月十五日に忠能は登城を命じられ、二〇〇〇俵が与えられることとなった。駿河田中藩主の地位を追われて八年半後、旗本として復帰する形で返り咲いたのである。

以上、酒井忠能の預けの実態を見てきた。預けの期間は、天和元年十二月から元禄三年四月までで、那須資徳の預けは貞享四年十月から元禄十三年五月までの十二年半であった。二つともほぼ同時期であり、いずれも長期間に及んでいる。

両者には多くの共通点を見出すことができよう。

まず大きな点は、いずれも十年前後ののちに旗本として再興されていることである。また、基本的に外出は禁止であるが、預かる側の家臣と対面することも多く、関係は親密である。それぞれ専用の居場所が与えられ、食事や身の回りの世話をする者が付けられていた。江戸へ向かう際には周囲の目を気にかけ、目立たないように移動させていた。

そして、注目されることは、忠能や資徳の対処について、預かった側の井伊家や津軽家の裁量に任せられていることである。幕府側からの細かな規定はなく、自主的に諸事を定めていたのである。

また、資徳については次章で述べるが、赦免・御家再興と知行・蔵米の拝領は、同日に行われたのではない。両者の間は幕府や預かった側がどのように対応したのか、他家の事例も検討する必要があるだろう。

第八章　那須家再興運動と柳沢吉保

御家再興

貞享四年（一六八七）に改易となった那須資徳は、津軽家江戸屋敷における十三年間の浪人生活を経て、元禄十三年（一七〇〇）に旗本として再度取り立てられる。翌年に知行一〇〇〇石を拝領し、宝永五年（一七〇八）四月五日には那須党上座・老中支配すなわち交代寄合となり、年頭御礼登城の太刀目録献上がゆるされたが、同年六月二十五日に三十七歳の生涯を閉じる。

資徳が旗本として復帰した元禄十三年五月二十日の津軽家「江戸日記」には、次のように記されている。

津軽家屋敷内に滞在していた資徳は、「辰之上刻」（午前八時頃）、実父・実兄とともに江戸城に登城し、そこで老中阿部正武から綱吉の上意が伝えられた。「両所御法事」が無事に済んだことにより、「新規」に召し出すというものである。信政らは、老中・柳沢吉保・若年寄・松平輝貞への御礼回りを済ませ、「九

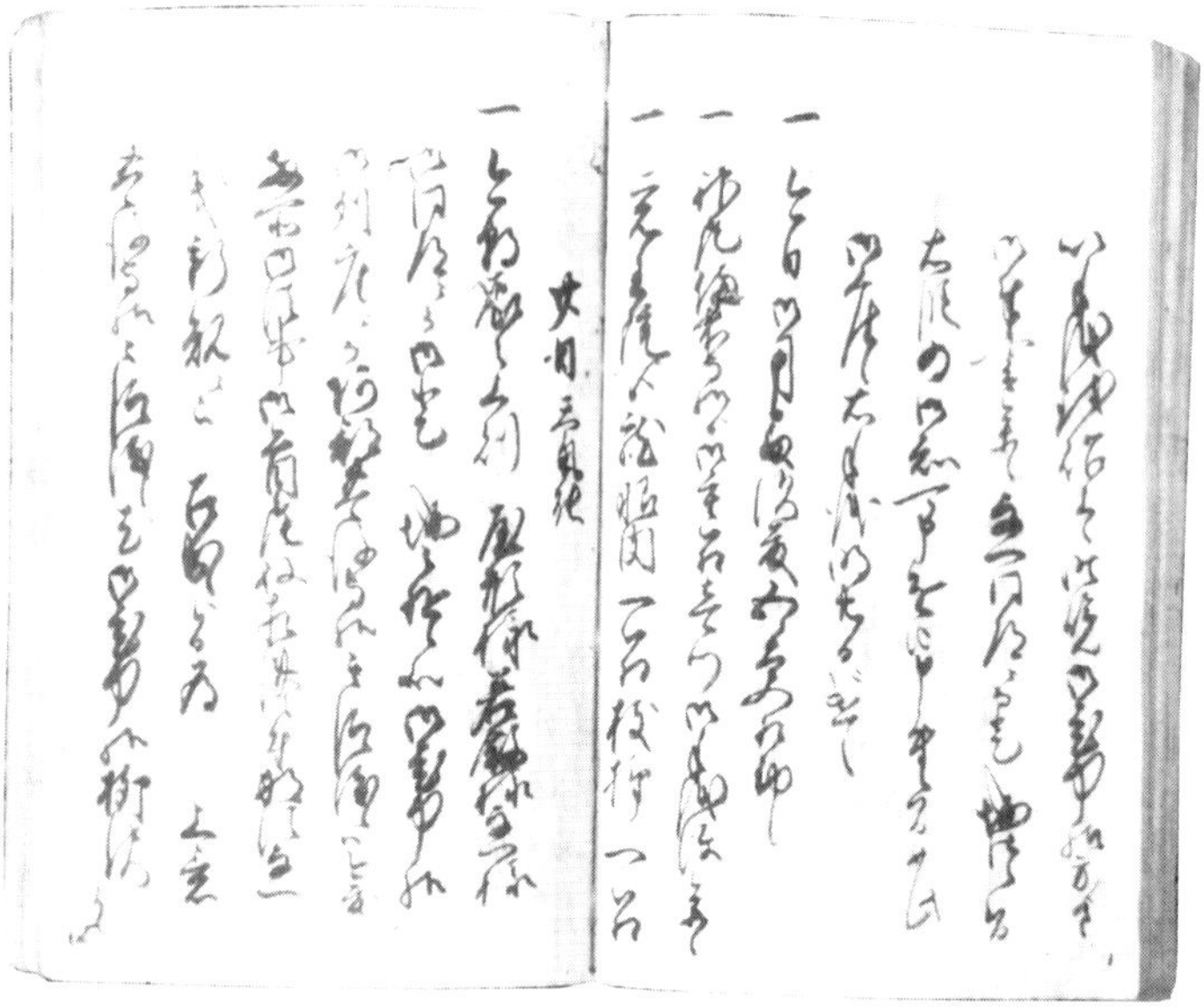

那須家の再興を記した「江戸日記」元禄13年５月20日条

ツ半時」（午後一時頃）に屋敷へ戻った。「両所御法事」は同年四月二十日の家光五十回忌と五月八日の家綱二十一回忌を指す。

つまり、その恩赦として資徳は赦免され、御家再興がかない、旗本復帰となったのである。資徳自身は「両所御法事」に参列していないが、家光五十回忌に信政が日光へ向かい、信寿が上野への綱吉御成に供奉するなど、津軽家が将軍家への忠誠を尽くしていた。

しかし、この時に新規召出を命じられたのは資徳一人だけではない。内閣文庫所蔵の幕府「柳営日次記」同日条によると、家光・家綱の法事後に「小普請入」として召し出されることとなった九人の名が挙げられている。たとえば、水野又八郎忠丘《ただおか》は寛文四年（一六六四）に兄十郎左衛門成之《なりゆき》の罪に連座して元禄元年から蜂須賀家に寄食、伊奈友之介忠真《ただざね》は元禄十年父忠易《ただやす》に連座、秋山十郎右衛門利政は慶安四年（一六五一）から蟄居など、経歴は多様である。資徳もその一人で、九人はいずれも「両所御法事」の恩赦によって召し出されることとなった。また、資徳は当初、寄合ではなく小普請として取り立てられたようである。

こうして資徳は旗本の一員となったが、この御家再興や後述する領地拝領・交代寄合への昇格の裏には、実父津軽信政の奔走・尽力や、柳沢吉保の対応・協力があった。

那須家の史料中に、「勤方着服之覚」と題する一冊がある。文化五年（一八〇八）の記事までが載せられ、那須家「代々法号」として天保三年（一八三二）死去の資明以降が記されていないため、文化五〜天保三年の史料と比定できる。その中に、「上屋敷江当家由緒之事覚」という一節がある。

そこに書かれている内容を、補足を加えながらまとめると次のようになる（「那須」一八八）。

まず、①弘前藩主津軽越中守信政（妙心院）の息子である主殿政直が、烏山藩主那須遠江守資弥（蓮台院）の養子となり、与一資徳と改名した。②資弥の死後、資徳は那須家の家督を相続した。③しかし、その直後に変事「烏山騒動」が起こり、「公辺御沙汰」（幕府の裁定）により那須家は改易となる。④資徳の身柄は信政に「御預ケ」となり、信政には閉門処分が下る。⑤浪人となった資徳は、十年間ほど信政方に「御同居」していた。⑥この当時は柳沢吉保の権勢が「盛之節」であり、信政が吉保に「段々御手入」をして、那須家再興を懇願した。⑦資徳が新知一〇〇〇石を拝領することができたのは、「信政公之御蔭」であり、この「御厚恩」を忘れてはならない。⑧その時から、津軽家の「御合力」・「御世話」を得て家中を扶助し、

「公辺勤万事」を整えることが可能となった。

綱吉時代における那須家（「当家」）と津軽家（「上屋敷」）との由緒について記されたものであるが、①から⑤はこれまで述べてきたとおりである。ここでは、⑥と⑦を取りあげ、⑧は第十章で扱う。那須家の再興や知行拝領に、柳沢吉保や津軽信政の協力があったという、その実態を明らかにしていこう。

近世の大名・旗本は、将軍・幕府との関係を維持・強化しながら、家の存続や、家格の安定または上昇を図っていた。その方法・手段が解明され、たとえば官位昇進では、同等の家格を有する大名間で相互に運動が行われていたことや、幕府の実力者に対する政治工作があったことが明らかにされている。幕政復帰・進出や国替中止などにも、裏側の嘆願運動を見ることができる。そうした内願運動・働きかけをできる限り丹念に検討していくことが、近世中後期の政治史や政治権力を考える際に有益であろう。

柳沢吉保の影響力

那須家再興に津軽信政が尽力し、柳沢吉保への働きかけが奏功したということを記す、右の「上屋敷江当家由緒之事覚」は、那須家の後代に編纂された記録・主張ではあるが、決して創作ではなく、核心を衝いたものである。

吉保の事績が記された柳沢文庫所蔵「永廟御実録」に、次の一節がある。柳沢家家老の藪田五郎右衛門重守が、主君吉保（「永慶寺様」）を称えたものであるため、その点は差し引いて捉える必要があるが、同時代に直接携わった人の証言として重要であろう。

一、元禄年中、那須与一［資徳公］御事、
永慶寺様御取持にて、高千石、交代寄合被召出候、是ハ那須遠江守［資弥公］養子にて野州烏山
城主弐万石、資弥公実子有之処、養子仕不届ニ被　思召候由にて家断絶、
与一［資徳公］ハ津軽越中守《四万七千石奥州弘前》［信政公］二男ニ而、資弥公又甥也、那須之家に代々伝はり候旗・
鎧・太刀、資弥公家断絶之節、右之品増山兵部少輔［政弥公］へ相渡候処、是又
永慶寺様、政弥公江御内意御座候而、与一殿へ御返し候、
与一殿事、五郎右衛門古主筋ニ而、津軽越中守［信政公］御願之趣共彼是委く申上候ニ付、古主
之儀尤ニ　思召候故、別而御精に被入、御取持被遊候由、御意被成候、

［現代文訳］

資徳は吉保（「永慶寺様」）の「御取持」によって、知行高一〇〇〇石を拝領し、交代寄合として召し出されることとなった。資徳は、那須遠江守資弥の養子で烏山二万石の城主となったが、資弥に実子がありながら養子を取ったことを、綱吉が「不届」と判断し、那須「家断絶」となった。資徳は弘前四万七千石の藩主津軽越中守信政の「二男」で、資弥の「又甥」にあたる。

また、「那須之家に代々伝は」る旗・鎧・太刀は、資弥の「家断絶」の際に、増山兵部少輔正弥へ渡しておいたところ、この件も、吉保が正弥に「御内意」を伝え、資徳へ「御返し」することとなっ

た。

資徳は藪田（「五郎右衛門」）の「古主筋」であり、津軽越中守信政からの「御願之趣」をいろいろと詳しく申し上げたところ、「古主之儀尤」と吉保は判断し、その「御取持」による取り立てであった。

後半部の家宝返還に関しては次章で扱うこととするが、この返還にしても、資徳の知行拝領や交代寄合任命にしても、吉保の「御取持」や「御内意」によるものとされている。その裏には吉保の家老藪田の存在もあった。

藪田にとって那須家は「古主」であったという。信政の懇願を藪田が吉保へ上申したところ、「古主之儀尤」と答え、その「御取持」で諸事が成就した。重要なのは、再興の裏に信政の熱心な働きかけと吉保主従の存在があったこと、そして、それを那須家だけではなく柳沢家側も認識していたということである。

この那須家旧臣であったという記述は、藪田の主張のみであれば疑問も生じるが、別の傍証史料もある。それは「元禄宝永珍話」というもので、藪田の親が「那須遠江守」資弥の「知行百石取馬廻り」をつとめ、藪田自身も「中小姓」となった。ところが「那須家滅亡し浪人し」たため、吉保の「中小姓」として奉公し、のちに千八百石、家老職に任じられたというのである。これに続き、大名や旗本が藪田を訪ね、音物を贈り、家臣に藪田の縁者がいれば加増して使者をつとめさせたとあり、「元禄宝永珍話」の作者（不詳）は「主人の威勢餘光なり」と評している。

さて、津軽家「江戸日記」を通覧すると、津軽家側から柳沢家側へ接触を持ちつづけていたことが判明する。信政は多くの幕閣へ恒例・臨時の進物を渡しており、吉保もその一人に位置づけられる。しかし、他の幕閣の場合、家臣への進物はあまり見ることができないのに対し、吉保の場合は、藪田を始めとした家臣たちへの進物も多く見られる点が特筆される。

たとえば、元禄五年十二月二十五日、吉保への歳暮祝儀には「御並之外ニ為御心入」、すなわち通常の進物のほかに、小袖などを進呈した。その際、吉保家臣の曾根権大夫・平野源左衛門・老沼織部へも、当年から初めて歳暮祝儀の進物を渡している。

同月二十九日の吉保三万石加増には、吉保と藪田・曾根・平野・老沼が進物贈答先となっている。吉保家臣の内、特に平野と藪田への進物頻度は、ほかに比して非常に高い。元禄八年の弘前藩領飢饉では、多くの家臣の召し放ち、諸方面への贈答中断を定めているが、信政から吉保家臣への贈答は継続された。

平野からは、さまざまな情報が津軽家側にもたらされている。「江戸日記」によれば、同八年五月二十日、吉保が「頃日少御風気」（近頃病気）であるため諸方面からの使者を「無用」と断っているが、他家から使者が来ているので、信政も使者を立てた方がよいと、津軽家家臣長尾小次郎に「内証」で教えている。同年六月十三日には、綱吉が「御不例」（不快）のため、御機嫌伺の登城は無用であるという情報を、津軽家は平野から得ることができた。

また五月十一日、津軽家徒頭の竹内仁兵衛は、吉保家臣の竹内角左衛門が「御広間御取次」として江戸在番になり、信政が吉保を訪問する際の「御取次」になることを伝えた。

こうした吉保主従との接点を持つ中で、那須家が再興されたのである。再興から一ヶ月後、信政は元禄十三年六月十九日に、「平野源左衛門・曾根権大夫・藪田忠左衛門・中根庄左衛門方へ御音物之覚」を定めている。留守居の平野へ晒三疋、家老の曾根へ晒五疋、城代の藪田へ縮五反、目付の中根へ晒二疋を進呈することとし、信政の使者となった山川角右衛門から、平野に宛てて次の書状が認められている（「江戸日記」）。

一筆致啓上候、暑気之節御座候得共、弥御無事御勤可被成由珍重奉存候、然者、先日も申進候通、今度那須与一被召出候ニ付、越中守別而難有奉存儀ニ御座候、兼而貴様ニ茂御苦労ニ思召被下候処、御悦可被成と、越中守茂被申義ニ御座候、此度以飛札被申入候ニ付、一品進入被申候、曾根権大夫殿・藪田忠左衛門殿・中根庄左衛門殿、右何茂へ以飛札被申入候間、乍御六ケ敷貴様より書状并一品宛御届被下候様ニと被申義ニ候、右之段為可申上如此御座候、恐惶謹言

［現代文訳］

先日も申しましたとおり、このたび「那須与一」資徳が召し出されることとなり、「越中守」信政は非常にありがたいことと感じております。かねてよりあなた様にも「御苦労」をおかけしましたが、お喜びくださっていることであろうと、信政も申しております。

そこで、このたびはお手紙を添えて、一品進呈いたします。曾根殿・藪田殿・中根殿には、あなた様からお届けくださるようにと、信政が申しております。

平野は江戸の柳沢家屋敷に滞在していたようである。これによれば、資徳が召し出されたことを信政が非常に感謝しており、「御苦労」をかけたことの謝意として進物を渡すので、川越にいる曽根らへは平野から届けてほしい旨を依頼している。山川は主である「越中守」だけではなく「那須与一」にも敬称を付けていないことも注目される。

信政は吉保家臣の助力があって、那須家再興を果たすことができたと理解していたのである。津軽・那須・柳沢三家ともに共通した認識であった。年月日不詳の資徳宛信政書状（「那須」一六）によると、藪田に「此上之儀何分にも可然様ニ御取持之儀頼入申候」と、諸事のとりなしを依頼するようにと述べている。

旧領福原の拝領

元禄十三年五月二十日に再度取り立てられた那須資徳は、翌二十一日に「御仕立御急用」として「御召之御帷子」や「御用之御桃灯」を準備させている（「江戸日記」）。急に那須家の諸品が必要となったのである。津軽家では、国元でも家中あげての祝儀が催されている（「国日記」）。

また、「江戸日記」同年六月二日条によれば、再興の吉報は那須家旧領にも伝えられた。資徳のもとに「与一様御家来」から「此度之御祝儀」の飛脚が届いた。この飛脚はかつて「与一様之御足軽」であったため、資徳からの岩田衛門兵衛を通じて、金子百疋が与えられている。旧領においても待望の再興であった。

福原の玄性寺にある那須家の墓地

しかし、依然として大きな課題が残されていた。いまだ所領を得ておらず、資徳は津軽家に寄食している状態が続いていた。綱吉の御目見も得ていない。すなわち、名目上、旗本として復帰したのみで、実は伴っていなかったのである。

その状態は約一年半も続き、元禄十四年十二月一日に、資徳は綱吉の初御目見を得る。同日の幕府「柳営日次記」によれば、江戸城「御白書院御勝手」で御目見となり、その御礼として銀馬代を献上している。「江戸日記」にも初御目見の記述がある。資徳は改易前に大名那須家の養子として初御目見を経験しており、旗本としての初御目見であった。

数日後、資徳は「与一様より内々之御音物」である煙草を吉保へ進呈したようで、同月十九日に吉保がそれを「三ノ丸様」（綱吉母桂昌院）へ献上するため「随分大事」に扱うよう命じたと、吉保家臣中根善兵衛が資徳家臣板垣外記に伝えている（「那須」一一七）。

さらに、「江戸日記」同月二十四日、若年寄「御連名之御奉書」が届けられ、資徳は翌日の登城が命じられた。信政とともに登城した資徳は、そこで「御知行千石御拝領」を申し渡される。新知は旧領那須郡福原村であった。

この旧領拝領にも、吉保の配慮・協力が絡んでいた。

同月二十八日の「江戸日記」によると、資徳は信政と登城し、「与一様新知御礼」として太刀・馬代を綱吉に献上した。老中と側用人柳沢吉保・松平輝貞へは、樽代と干鯛を進呈しており、これは前日の内に老中秋元の「御内意」を得ての行動であった。

注目したいのは同日最後の部分で、吉保に対する進物を「格別」としていることである。津軽家用人山川角右衛門が吉保家老藪田五郎右衛門へ内意を伺い、吉保には「格別之御事」を理由に「御時服三ツ・樽代千疋」を渡すことになった。しかし、急なことであるため、時服の準備が間に合わない。そこで、藪田の所有する時服を借用し、それを吉保へ進呈するという約束が交わされている。吉保が資徳の新知拝領に関して重要な動きを取っていたことを窺わせる。藪田も裏で尽力し、好意的に動いていたことがわかる。

翌二十九日の「江戸日記」からは、進物の詳細が判明する。吉保へは太刀一腰・馬代黄金一枚・小袖三・樽代千疋・昆布一箱・干鯛一箱と、多量の進物が贈られた。老中五名と松平輝貞への進物は太刀一腰と馬代黄金一枚、若年寄四名へは縮緬五巻と干鯛一箱であり、吉保との差は歴然としている。いずれも「与一様御知行御拝領」御礼という理由は共通するが、吉保のおかげで旧領を拝領することができたという、資徳と実父信政の謝礼の度合いが現れているといえよう。

綱吉への御目見と領知の拝領がかなったことは転機となり、資徳は寄合の一人として幕府儀礼に参加しはじめる。その最初が元禄十五年一月一日の元旦初登城であった。

寄合真田采女正信音が資徳へ宛てた、元禄十四年に比定される十二月三十日付け書状(「那須」一二八)によると、資徳は先に真田宛に手紙を渡し、その回答が記載されている。

真田は資徳が元日に「御流御頂戴」となることを喜んでおり、当日の出仕刻限や着用衣服などについて答えた。「六半時揃」に間に合うように出宅することをすすめるが、真田自身は「近年御給仕」をつとめているため、これは「惣躰之御揃」であるとする。また、「無官之御衆中ハ素袍御着用」であることも付け加えている。

このように、寄合間での情報交換が行われており、旗本として年始初登城となる資徳にとっては重要な情報源となったのである。なお、年末に行われたことにも意味があった。翌元日からの幕府儀礼における序列化で体現されるためである。

元禄十五年一月には、那須家側で江戸城「年中御作法写」が作成されている(「那須」六二)。その文末に「右者　真田采女正へ御聞合」とあり、真田からは一年間の登城日とその装束についての先例情報も得ていたことがわかる。

年始登城に関して、資徳は津軽家留守居の勝本藤左衛門からも情報を入手しており、資徳の守役をつとめた岩田衛門兵衛宛の書状が残されている（「那須」二一五）。勝本は寄合旗本の佐野彦九郎勝由《かつよし》や伊東志摩守祐賢《すけかた》らに、年始の「一同御礼」や「御流御頂戴」のあり方を尋ね、その結果を岩田に報告しているのである。

そして、資徳の年始初登城は無事に終了した。一月三日には、「当年者　与一様御吉事」として、信政の意向による「御謡初」が資徳「御部屋」で行われている（「江戸日記」）。

これは新知那須郡福原村へも伝えられた。「江戸日記」同月十三日条によれば、「与一様之為御祝儀」ということで、福原から十ヶ寺の代表として自在院が江戸へ出向き、資徳に祝いを述べ、翌日に自在院は信政から銀二枚を下賜されている。

さらに、同年二月三日、資徳は幕府から「知行所御書出」を拝領した（「柳営日次記」）。「江戸日記」からは、津軽家屋敷内で「与一様御知行所御書出御頂戴」の祝儀が行われていることがわかる。「高千石下野国那須郡之内」という同月の知行割書付写と、同年三月における幕府代官下嶋甚左衛門家臣久野半平・新庄太右衛門からの「高反別帳・名寄帳・鉄炮目録」引継書写も現存している（「那須」七八・二六〇）。

前述のように、この旧領拝領にも吉保主従が関係していた。「江戸日記」同年二月八日条によれば、川越にいる藪田忠左衛門・同五郎右衛門に進物目録を送っており、その理由は資徳の「御知行所付御書出御頂戴」であった。こうした陪臣への進物は他の幕閣に見ることができない。三月四日には、吉保へも「羽二重拾疋・干鯛一箱」を進物として渡している。そこには「右者　与一様御知行所之儀、御先祖之御廟所ニ御座候地御拝領ニ付、別而被遣之」とある。那須家「御先祖之御廟所」のある福原村の拝領に、吉保の影響力が及んでいたことが明示されている。

交代寄合への昇格

宝永五年四月五日、資徳は交代寄合に列することが幕府より命じられ、寄合から昇格した。同日の幕府「柳営日次記」には、「那須与市事、老中支配被　仰付旨、津軽越中守へ達之」と記されている。資徳は「老中支配」を命じられたわけだが、これは交代寄合になることを意味していた。

興味深いことは、そうした重要な事柄が、資徳本人ではなく、津軽信政に伝えられたことである。すでに資徳は自身の屋敷に居住し、知行も得ているので、直接指示されても問題ない。これは、いまだ幕府が資徳の扱いを信政にある程度任せていたことを示している。

また、同日の津軽家「江戸日記」を見ると、「屋形様」すなわち信政が、老中土屋政直に呼び出され、土屋から資徳の「向後御老中様御支配」が命じられ、年始登城において太刀目録を持参しての御礼がゆるされることとなった。これを受けて、津軽・那須双方の屋敷では祝宴が催され、「御目見已上」の津軽家家臣は「与一様御屋敷」へ出向き、祝儀の挨拶をするよう命じられている。

さらに、この吉報は京都の近衛家へも伝えられた。「近衛家雑事日記」の同月十三日条によれば、資徳の「老中支配」と「年始以太刀折紙御礼」がゆるされたことを記した書状が、信政と信寿から近衛家に届けられた。それは「越中守願之通」と、信政の願望であったと述べられている。このことからも、那須家の処遇に対する信政の運動が実際に行われ、それが功を奏したものであったと理解できよう。

当時の近衛家は家熙《いえひろ》が当主で、関白をつとめていた。その父で、五年前まで関白であった基熙《もとひろ》も健在であった。津軽家は近衛家と以前から縁戚関係を結んでおり、その貴種性を尊んでいた。

信政は宝永元年に、近衛家へ毎年「御合力金高千石」を渡すことを定めた。「国日記」宝永元年六月十六日条によれば、近衛家は他家と異なり、津軽家と「御由緒」があるため、合力することを「御尤至極」としている。藩財政は決して潤沢ではないが、近衛家との関係性を重視して、信政は合力を決断したのである。

このように、津軽・近衛両家の交際関係は親密であり、信政は資徳の交代寄合昇格の情報も書状で伝えた。なお、「近衛家雑事日記」の弘前藩関係記事は『年報市史ひろさき』に翻刻されている。

幕府の「柳営日次記」、津軽家の「江戸日記」、近衛家の「雑事日記」と、いずれも「老中支配」とあり、交代寄合とは記されていない。しかし、他の旗本が若年寄支配であった中で、交代寄合は老中支配に属していた。老中支配への変更は、単に所属先が変わったのではなく、那須家が交代寄合へ家格上昇するという、重要な意味を持っていた。

そして、「江戸日記」宝永五年四月十二日条によると、資徳の交代寄合昇格に関して、信政は各方面へ

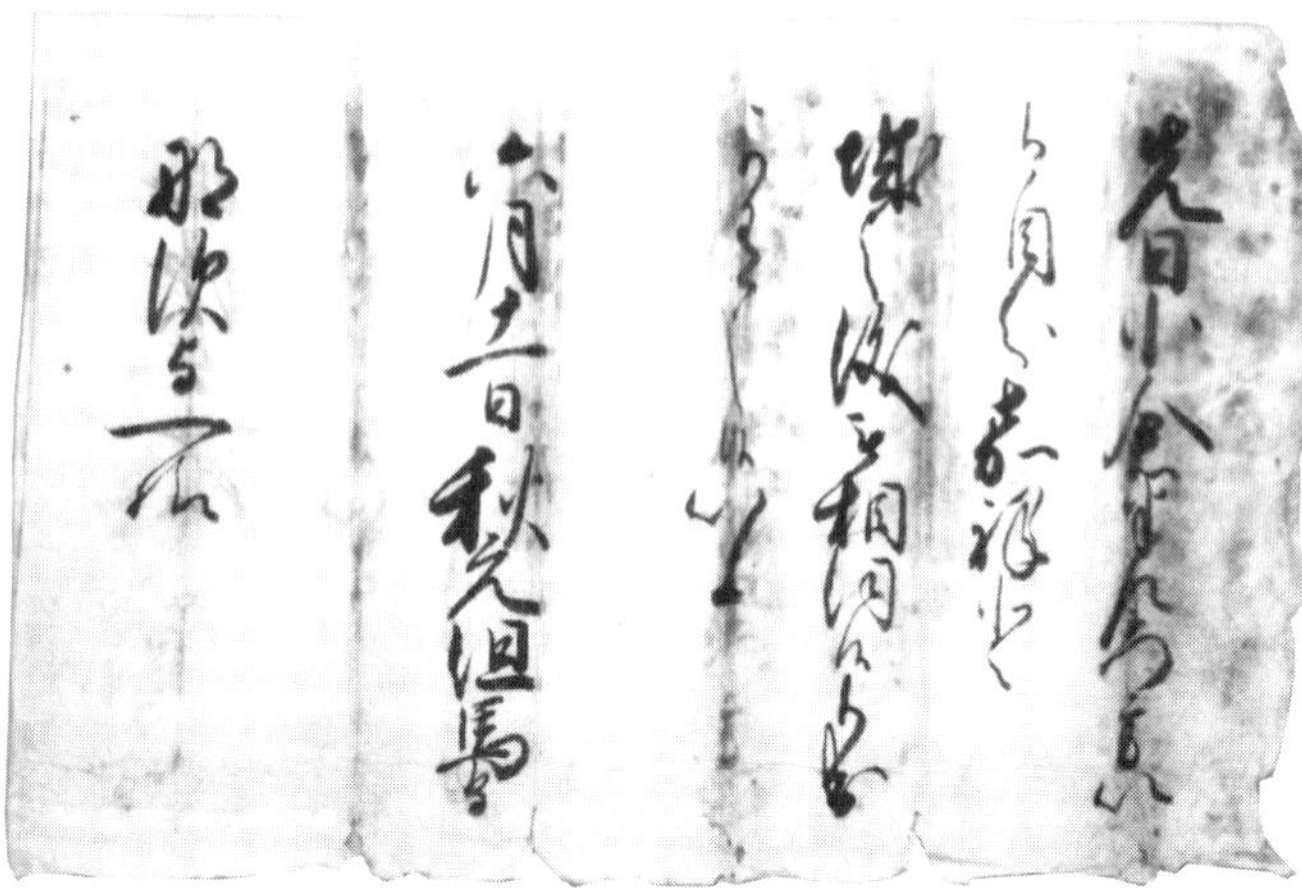

秋元喬朝からの「御切紙」(「那須」159)

の進物を行っている。使者の口上は、「今度那須与一儀結構被　仰付、難有仕合奉存候、依之為御祝儀目録之通致進上候」というものであった。贈呈先は柳沢吉保を筆頭に、老中や側用人松平輝貞らである。なかでも吉保・輝貞への進物が最も多い。これは彼らに対する謝意の度合いを示しているといえよう。

しかも、同日の進物は吉保の家老藪田五郎右衛門と輝貞の家老浅井勝之丞へも贈られていた。藪田・浅井との接触は次節で述べるが、藪田へは紗綾五巻・樽代五百疋・干鯛一箱、浅井へは紗綾三巻・干鯛一箱が進物の内容であった。いずれも使者の口上は幕閣に対するものと同様であり、昇格に両名が非常に貢献していたことを信政は認めていたのである。

ところが、資徳は同年六月二十五日に死去してしまう。そのため、資徳が交代寄合であった期間は、わずか三ヶ月足らずに過ぎない。念願であった交代寄合としての年始登城は、一度も経験することはなかった。

それから二ヶ月後の八月二十三日に資徳の嫡子豊丸が那須家の家督を相続した。その日の「柳営日次記」には、「菊之間跡目」の相続が認められた者として、「交代寄合　主税介惣領」山崎兵庫と「同　与市惣領」那須豊丸の二人が挙げられている。資徳が獲得した交代寄合の格式は後代へと引き継がれたのである。

資徳は交代寄合の一員として、嘉祥登城を経験している。同年六月十一日、老中秋元喬朝からの「御切紙」（「那須」一一五九）によって、資徳は嘉祥登城を命じられた。そして、同月十六日の「江戸日記」によれば、「是者従　屋形様御老中様江御願」というように、以前から信政（「屋形様」）が老中に願い出ていた一件であった。嘉祥当日、信政は弘前に在国中であったが、那須家の再興、交代寄合への昇格に続き、資徳の嘉祥登城についても運動を行っていたのである。

こうした那須家の処遇に関し、信政は幕府の老中や側用人に対して繰り返し運動を行っていたが、その時期は主に信政の江戸滞在中であった。信政の在国中に資徳の嘉祥登城は行われたが、次節で明らかなように在府中に交渉が進められている。幕府側も信政の存在を確実に意識している。那須家の再興や昇格の頃合いをはかり、幕府は信政在府時に命じたのである。

藪田重守と浅井勝之丞

月日のみが記され、年次を欠く書状や覚書が、「那須家文書」に多数残されている。

特に、二月付けの八点（「那須」一五一〜一五七・一六〇）は、資徳の家臣長野弥右衛門による覚書や往復書状などで、一連のものと考えられる。また、吉保が元禄十四年十一月に叙任される「美濃守」と記されており、記載人物から宝永五年と考えられる。宝永五年二月、すなわち資徳が交代寄合に昇格する二ヶ月前のものである。これまで柳沢吉保・藪田五郎右衛門らに働きかけを行っていたことを述べてきたが、「那須家文書」からより具体的な接触・運動を見出していくことができる。

高崎藩家臣の浅井勝之丞も登場するが、浅井は松平輝貞の部屋住時代に召し抱えられた家臣である。『新編高崎市史』所収の元禄十四年十一月「新規召抱家臣書上」によれば、高一三〇〇石であり、のち二一〇〇石に加増され、家老をつとめている。

長文のものが多いため、そのすべてを掲示することはできないが、資徳の処遇に関する問題について、長野がその使者となり、藪田や浅井と交渉を繰り返していたことがわかる。

まず二月九日付の長野「覚」（「那須」一五二）は、長野が藪田のもとへ行き、そこでの話を書き留めたものである。先刻、藪田は吉保「御意」として、信政に「兼而申上候御願御口上書」の「御案文」を提出させるようにと指示を受けており、長野は藪田へそれを承知したとしている。信政の吉保に対する「御願」の向きを、いよいよ吉保に差し出すようにとの「御意」であった。しかし、柳沢家は御成前後で取り込み、「御願」の対応が遅くなっていた。藪田は、案文を必ず吉保に差し上げるので案ずることはないが、まずは那須・津軽家側の思いがどのようなものかを知った上で申し上げると伝えた。

ここでは「御願」の内容が記されていないが、信政が吉保を直接訪ねていた。長野も藪田のところへ行き、家臣間での交渉が行われていた。また、藪田が好意的に受け取っていることがわかる。

次の藪田五郎右衛門宛長野弥右衛門「御返答」は二月十四日付けである（「那須」一五六）。藪田から「御書付」が渡されたようで、長野が藪田への「御返答」をしている。「御談之儀」を取り計らってほしいという信政の意向を伝えた。

二月二十三日付けの「覚」は、藪田に呼び出された長野が、話の内容を認めたものである（「那須」一五二）。

藪田が懐中していた那須家に関する「先日之御願書」を、吉保に折を見て伝えたところ、「御尤之儀」と納得し、時期的にも良く、この時を逃しては難しくなるので、信政から老中土屋相模守政直へ上申するようにとのことであった。注目されることは、藪田が信政願書を携帯していたことで、津軽・那須家側にとって藪田は頼みとなる存在であり、藪田自身もその期待に応えようとしていた。

また、松平輝貞の家老浅井勝之丞が藪田と「同意之者」であることから、願いの向きを浅井にも頼み、輝貞の耳に入れてはどうか、と藪田が発案した。幸い、この日に吉保が輝貞の元へ出かけ、それに藪田も同行していた。そこで、藪田が浅井と面談したところ、浅井も「与一様御事ハ兼而朝暮御笑止」と感じており、同意を得ることができた。浅井が資徳自身の考えを知りたいとしたため、代弁者として長野が浅井と会うことが計画された。浅井との相談後に、信政と懇意である老中土屋への依頼も予定されている。

藪田に「同意之者」と評価された浅井は、資徳の処遇を「朝暮御笑止」と認識していた。藪田と浅井は側用人の家老同士で、浅井の推薦は藪田が担っていたのである。

そして、「御願之儀」を吉保は今対応できないので、輝貞へ依頼することとなった。

最後に長野は、浅井と会った時に願いを口上で述べるとし、ただ願うのは資徳が「太刀目録」を持参して登城すること、すなわち交代寄合となることであった。それは「那須之御衆中様」に関わることでもあると伝え、「大方内証之儀」は浅井へも示すとされた。

資徳および信政の願望の根本は、資徳の処遇・家格にあった。那須家は中世以来の名家であり、かつて大名にも列していたが、そうした自負に加え、那須家の昇格は那須衆の願いでもあったと考えられる。那須家が家格上昇することにより、那須衆全体の幕府内における位置づけも上がっていくという考えが背景にあったのではないだろうか。

幕府上申ルート

続いて、二月二十四日付けの長野「覚」(「那須」一五四)によれば、藪田の考えとして、津軽・那須両家の願いを藪田から吉保に伝えたが、その「御用向之儀」を聞きいれることができないので、輝貞に頼むようにとの指示が出されている。

たしかにこの頃の吉保は、将軍綱吉の吉保屋敷への御成があるなど、非常に多忙であった。それに加えて、「兎角依怙贔屓と申事、以之外成事に候」（「永廟御実録」上）という考えを吉保は持っており、常に公平な対応に努め、贔屓の者だけに便宜をはかることはなかったようである。

また、浅井との話し合いの後に老中土屋政直・秋元喬知へも「御用御頼」をすることや、信政が「内々」に藪田との面会要望を伝えた旨も記されている。幕府側用人だけではなく、老中への上申も動きはじめていたのである。

ところで、元禄十六年のものと推定される、三月十三日付けの藪田五郎右衛門宛津軽越中守信政書状の写が、藪田の「永廟御実録」に収められている。これは弘前に滞在していた信政が、「濃州公・勢州公」（柳沢吉保・吉里親子）の機嫌を伺い、自らが参勤交代のため二日後に国元を出立し、四月二日に江戸へ到着することと、その際、道中から例のごとく、柳沢家屋敷へ直行したい希望を藪田へ伝え、藪田との面会も切望するという内容である。対面する目的は記されていないが、那須家の今後の処遇に関する要望であった可能性がある。それは「如例」というように、たびたび行われてきたことであった。

そして、二月二十四日の長野弥右衛門宛浅井勝之丞書状（「那須」一六〇）によると、「与一様御切紙」が浅井に渡され、浅井は長野へ「近日何時にても御出候様」（いつでもお越しください）と、歓迎する旨を伝えている。

二月二十六日付けの長野「覚」（「那須」一五五）によると、この日の朝、長野と浅井との対面が実現した。長野が「御願之儀」を浅井に話したところ、その意図を納得した浅井は、藪田とは「同意之儀」であり、願いの向きは心得たことを信政らへ報告するようにと述べた。長野は藪田に続き浅井とのパイプ、すなわち柳沢吉保に続き松平輝貞への上申ルートを得ることができたのである。

さらに、二月二十八日付けの長野「覚」(「那須」一五三)からは、さらなる進展があったことがわかる。長野が藪田に呼ばれて訪問したところ、その直前に藪田と浅井が面会していたという。前日に藪田は信政とも会っており、そこでは信政が「内々之儀」を伝えたが、藪田と何らかの「了簡違」があったようである。その際に、土屋・秋元の「両御老中様」へも「一両日中」に上申することが定められている。これにより、吉保や輝貞に加えて、老中へも「御願之儀」を上申することが決定的になった。側用人の許諾を得るまでは、老中への上申は控えていたと見られる。また、長野は浅井と会い、「御願之趣」は浅井も同意で、輝貞も「御心得」である旨が伝えられた。さらに、「御願」は吉保が無理だと判断すればそれで終わりだが、秋元は吉保が認めたならば捨てておくことはないだろうとしている。すべては吉保次第と理解されていたのである。

これらのように、那須家の処遇に関して、津軽信政は実子でもある那須資徳のために内願運動を繰り返していた。これは単に実子の冷遇を憐れんでのことだけではないだろうが、信政の運動あってこそ、再興がかない、知行や屋敷を得て、交代寄合へ昇格したのは確実である。相応の運動を展開すれば、いつかは再興や昇格がかなうという意識が武家社会の底流に存在していたのである。

ただし、「同意」の人を得ることが必要であった。当時は内願ルートとしての側用人の存在が非常に大きく、直接交渉を行う相手である側用人の家臣も重要な役割を担っていたといえる。藪田五郎右衛門は那須家の旧臣であり、その藪田や浅井勝之丞という「同意」者を得たことが、那須家の願望成就へと導き至っている。彼らは再興や昇格のために砕身しており、那須家の処遇を「朝暮御笑止」と同情の念まで寄せていた。

そして、その運動と平行あるいは後追いする形で、老中への上申も進められたのである。柳沢吉保の家臣に対して運動を働きかけたのは那須・津軽家だけではない。堀新氏は、岡山藩主池田綱政の家臣による吉保家臣への官位昇進運動を明らかにした。一部を引用しよう。

少将昇進を望む池田綱政は、公儀使吉崎甚兵衛にそれを命じた。吉崎は、柳沢家家臣の山中造酒右衛門・半兵衛兄弟にまず接触する。半兵衛は、岡山藩家老伊木長門守の元家臣で、山中兄弟の兄平野十蔵は岡山藩士であった。岡山藩と山中兄弟には深いつながりがあったのである。この山中兄弟を通じて、吉崎は柳沢家家老平岡資周・藪田重守に接触する。綱政は、とくに平岡を頼りにしていた。吉崎と山中兄弟は誓紙を取り交わし、昇進運動は本格化する。（中略）柳沢に提出された願書は、おそらく柳沢を通じて将軍綱吉の披見に供されたのであろう。そして、柳沢の取成しで綱政の希望はかなえられることになった。この後、綱政は願書を作成しておらず、柳沢への願書がいわば正式な願書であった。（中略）岡山藩（綱政）は、通常は老中戸田忠昌を幕府への取次としていた。しかし、官位昇進に関しては、戸田に全く頼らず、柳沢だけに取成しを依頼している。

いずれも、那須家の事例と相通ずるものがある。藪田は自ら、那須家が「古主」であることを記しており、そのつながりをきっかけとしている。また、老中ではなく側用人を相手に展開していたことも共通しており、それは目的達成のために重要なことであった。那須家の場合、信政が老中への上申を始めたのは、側用人の内諾を得てからのことで、当時の幕府中枢部のあり方をよく現しているといえるだろう。

第九章　家宝返還運動と屋敷拝領

御家再興と家宝

幕府に改易された大名・旗本は数多い。その中には、那須家のように再興される者もいたが、当主としての意識が確立される過程では、刀剣・甲冑、系図・古文書など、家の歴史を象徴する現物も大きな役割を果たしたものと思われる。

しかし、家宝を所持しつづけることは非常に重要であったが、改易によって所領や屋敷を失う浪人身分になると、保持しつづけていくのは困難になったであろうと想像される。那須家の場合は、浪人中、増山家へ家宝を預けたのである。

では、他の大名の場合はどのようであったのか、少し例をあげて示そう（『近世武家社会の儀礼と交際』）。

美濃高須藩主徳永昌重は、大坂城石垣築造工事の不始末により、寛永五年（一六二八）に改易、同十九年に配流先の出羽新庄で死去した。高須城請取役を命じられた伊勢桑名藩主松平定行が「徳永左馬助道具」を一時的に預かり、配流中の昌重に返却している。それらは、徳永家自身が配流中も所持しつづけ、昌重の子昌勝が慶安元年（一六四八）に旗本として取り立てられて以降も、徳永家家宝として継承された。

大和郡山藩主本多忠烈は享保八年（一七二三）に嗣子なく病没した。同家は断絶となり、その家宝は分家筋の旗本本多忠強が譲り受けた。親族に家宝が継承され、その後は忠強家の歴代当主が代々相伝することとなる。

熊本藩主加藤忠広は清正の三男で、寛永九年改易、加藤家は断絶する。家宝は旗本阿倍四郎五郎家に渡されたが、忠広の娘（献珠院）の嫁ぎ先が阿倍家であったためで、縁戚関係によって家宝が継承された。

会津藩主蒲生忠知も加藤家同様、寛永期に断絶となった。忠知の正室正寿院は磐城平藩内藤政長の娘で、蒲生・内藤両家は姻戚関係を結んでいた。そうした中で、忠知が嗣子なく没したため、蒲生家の家宝が内藤家へと移ることとなった。蒲生家断絶後、正寿院が実家の内藤家に戻ったためである。

一方、御家再興時には、家宝を預かっていた者からの返還が行われた。

越後村上藩主本多忠孝は宝永六年（一七〇九）に嗣子なく死去した。将軍家宣は、忠勝以来歴代の勲功を認め、本多家を断絶させず、分家で播磨山崎藩主本多忠英の長男忠良を本家相続人とした。忠英は一時的に「本多嫡家重宝」を預かっていたが、本家相続人の忠良に返還している。一族でも、本家と分家の家宝は別物と認識されていたことがわかる。

鹿児島藩島津家では、二百年間家系が途絶えていた「越前島津家」を元文二年（一七三七）に再興した。越前島津家の家宝は島津本家が所持していたが、再興に際して本家から分家へ移管されている。これは幕府の命令ではなく、島津家内部で行われたことである。

いずれの例にしても、改易は家宝が縁戚関係者に継承されることを意味し、再興は家宝が本来の所蔵者に返還されることを意味した。

ところが、那須家の場合、御家再興が果たされたにもかかわらず、常陸下館藩増山家から家宝が返ってきていなかったのである。

資徳は元禄十三年（一七〇〇）に旗本として再興されるまで、約十三年間を浪人として過ごし、その期間は弘前藩主津軽信政に預けられた。しかし、再興後も依然として資徳は津軽家に寄食せざるをえなかった。自らの屋敷を所持していなかったからである。

津軽家「江戸日記」元禄十三年六月十二日条によると、再興直後、資徳の鑓が錆びていたことが判明した。「御鑓御十文字壱本・御直鑓壱本」の錆びを研がなければならず、柄にも狂いが生じていた。そこで、その研磨・修復を、津軽家の中小性矢川左介を通じて、鑓屋甚左衛門が担当することとなった。

さらに、資徳は自立に向けて諸道具を取り揃えはじめた。那須家の幕を注文しており、元禄十五年六月一日にそれが完成し、出来栄えのよいものであったという。同年四月四日には「二尺五寸位之箪笥」を買いあげ、六月五日には「与一様御紋付之御羽織」などを調えている。

そうした状況下、那須家は家宝の返還を増山家に働きかけはじめた。それに関わる史料が「那須家文書」に数点ある。八月・閏八月のもので、年代表記を欠くが、文中に資徳が領知を拝領した記述が見られる。領知拝領は元禄十四年十二月二十五日であるため翌十五年以降のこととなる。また、元禄十五年に閏八月があり、状況を照合すると、元禄十五年の史料であることは間違いない。

増山家への返還要求

那須家家宝をめぐる増山家との相互の主張について、史料の内容に入っていこう。史料中に登場する湊織部は、資弥時代からの那須家家老で、資徳浪人中の動向は不明だが、旗本復帰後に那須家へ再仕官し、宝永四年に死去した。堀隼人と市川九郎兵衛は、増山家家老である。増山対馬守正任は正弥嫡子で、正弥死後の宝永元年七月十二日に家督を相続した。那須家家宝返還運動は、湊織部が増山正弥からの返還を堀・市川に要請し、前章でも取り上げた柳沢吉保の家老藪田五郎右衛門にも協力を働きかけたという構図である。

八月七日付けの堀隼人・市川九郎兵衛宛湊織部「口上」(「那須」一二一)が最初のものと思われる。ここからは、改易・再興に伴う家宝の意識など、さまざまなことが理解できる。

まず最初に湊は、正弥への御機嫌伺いと資徳の「御知行」拝領の挨拶をする。そして、資徳改易時における増山正弥への家宝引きわたしの経緯について述べる。改易の際、正弥側から湊に対し、「与一道具」

那須家重宝一覧（元禄16年）（「那須」29・30より作成）

	重　宝　名	備　考
1	「御白旗」12本	源氏の白旗として伝えられる旗
2	「三巴之御旗　是ハ宇都宮より御取被成候旗」1本	宇都宮より分捕った旗
3	「御太刀　兼定」1振	増山家に返還再要求した宝物
4	「御鎧」1領	
5	「御長刀」1振	
6	「御系図」1通	
7	「御朱印」4通	
8	「御領知目録」4通	
9	「御書出　但酉ノ年御加増之節出ル」1通	資弥が延宝9年（酉年）に8000石加増
10	「御当代水帳　但箱ニ入有」1冊	
11	「古水帳　麻袋ニ入」52冊	
12	「古御書・当御内書共　箱ニ入」	増山家に返還再要求した宝物
13	「御書巻物」2通	足利成氏など鎌倉公方・古河公方よりの書状
14	「鎌倉御書」15通	
15	「佐竹・北条家書状」8通	
16	「書状　勝頼・景虎・佐竹・北条家」11通	
17	「御書上包」68枚	
18	「御召　最上形御具足」1領	
19	「御召　同腥御具足」1鎧	
20	「御召　黒糸威」1鎧	
21	「左京様　錆色黒糸威」1鎧	左京は資景／増山家に返還再要求した宝物
22	「美濃守様　御小具足」1鎧	美濃守は資重／増山家に返還再要求した宝物
23	「御譲御白旗」1流	
24	「御召料笶」2	
25	「烏山御城画図」2枚	
26	「御采幣　但朱」1本	
27	「御軍配」1本	
28	「御円居」1本	金瓢箪1・鳥穂1・金幣1／増山家に返還再要求した宝物
29	「御験」1本	鳥穂2・金瓢箪3／増山家に返還再要求した宝物

に関する「御意」を伝えた。それは、那須家家宝を増山家側に持参してはどうかという提案であった。その提案通りに交渉がまとめられ、那須家の「家ニ伝り来候道具其外之品々」は、残らず増山家に「御引取」となった。一方的なものではなく、相互に交渉、納得した上でのことであった。

改易は家臣や領地・領民だけではなく、屋敷を失うことも意味する。そのため、先祖代々大切に保持してきた家宝の保管場所は緊急課題であった。資徳の場合は身柄が信政に預けられ、その信政も連座の閉門に処せられた。そのため、家宝保管場所を別に定める必要に迫られ、正弥の提案を受諾したのである。

ここで那須家側が問題としているのは、いまだ家宝が返還されていないという現状であった。家が再興され、領地も拝領しているので、家宝はすぐに返還されるべきとの認識を持っており、それを主張しているのである。

しかし、湊は一方的に増山家を責めてはおらず、気も遣っている。すなわち、正弥の「思召違」によるものではないかと付け加え、もし正弥が資徳の新知は資弥の跡式ではないため返還の必要がない、と考えているなら、それは「御了簡違」であり、資弥死後に資徳が家督を相続しており、その時に「諸道具」はすべて資徳へ渡されていたとする。資徳の改易と相続の順序が大事で、改易が先ならば増山家の手元におかれることはあっても、すでに家督も家宝も相続した後で改易になったため、正弥がそのまま留めおかれるべきではないと述べている。家督の相続と家宝の相続とが、一体的なものと認識されていたことがわかる。

あくまで那須家家宝は相続者の資徳が所持すべきもので、増山家は一時的に預かっているに過ぎず、再興後は本来の姿に帰結することが当然であるとの認識を持っていた。

また、資徳に再度召し抱えられることとなった湊自身は、資弥後室「乗蓮院」に筋目のある者で、乗蓮院は正弥の「御役介」になっていた。そのため、湊が「表向ハ与一方」であるものの、内実は正弥と「諸事内通」しているため、増山家が那須家家宝を留めつづけている、という「噂」が流れていたとする。しかし、資弥から資徳へ継承された後、正弥の「御預り之物」となったのであり、それを保持することは正弥の「御為」にならないとしている。

家宝の返還を達成するため、湊は周囲の噂も文面に付け加えていた。それを増山家側に意識させ、正弥の「御為」にもスムーズな返還が必要であると求めつづけているのである。

さらに湊は、「日本之大小神祇」をも持ち出し、堀・市川を通じて正弥へ返還要求を訴えかけた。湊が那須・増山両家への「二心」で仕えていると「人々」に思われているのは迷惑なことでもあり、そのまま両家間の交際を続けていくことも正弥の「御為」にならないと述べる。正弥の元に留めおくことも「人口」によくないとしている。

さまざまな言葉を重ねながら、湊は家宝の返還を繰り返し求めた。そこでは、正弥の「思召違」や「御了簡違」を指摘し、加えて「噂」「人々」「人口」と周囲を引き合いに出し、返還こそが正弥自身の「御為」であるとして、返還の実現を図っているのである。

増山家の対応

湊は数日後に返還を求める手紙を堀・市川に渡したようで、「口上」の内容を文書にして要求したものと思われる。それに対する堀・市川から湊への返書がある（「那須」二一四）。

昨夕預御手紙候処、隼人儀此間病相煩折節ふるい付罷有、及暮候故、不能即答背本意存候、如仰、与一様被為　召出候而、兵部少輔大慶御同意被存候、就其被仰聞候御紙面致承知候、右御道具之儀、先達而藪田五郎右衛門殿よりも自分存寄内意被申聞候、其節五郎右衛門殿へ返答被申候も被得其意候由ニ而、少々存寄被申達、時節を以首尾能差進被申度旨返事被申候、定而御聞も可被成哉と存候、其上先頃も兵部少輔被申候ハ、於

御殿中等も

土佐守様・与一様御挨拶柄も御染々と被遊外見と申実儀、旁大悦被存候由御噂申候而悦被申候、去春中対馬守縁組相調候付、御出会被申度存寄候趣、

越中守様御留守居迄、此方留守居を以被申入候、尤其段返答ハ無御座候、左候へハ毛頭此方御誠意ニ存不被申候、兎角行々御挨拶柄も宜様ニ被致度存被申候様ニ察申候、五郎右衛門殿よりも被申聞候所も可被存候、其上近来一入与一様御付届も御むつましく大慶被致、段々事和キ申候節御紙面申聞候段、却而如何可有御座候哉、畢竟

上之御間柄近ク御一所之御事ニ御座候得ハ、乍恐私躰御挨拶宜様ニと奉願候、依之御紙面兵部少輔ニ達不申候、此上御様子能差進候様ニと存候間、左様御心得可被成候、尚追々可得御意候、以上

［現代文訳］

昨夕、御手紙を預かりましたが、堀隼人が病いを煩っていたこともあり、即答できなかったことは

不本意であります。仰せのとおり、資徳様が旗本として召し出されたことは、増山正弥も「大慶御同意」に思っております。紙面の内容は承知しました。那須家の「御道具」については、先だって藪田殿からも「内意」を伝えられ、時節を見て返還するようにとのことでした。そのようにしようと思います。

正弥は、江戸城殿中において津軽信寿様・那須資徳様との挨拶を行っており、甚だ大悦に思っています。

しかし、去春に正弥の嫡子対馬守正任《まさとう》の縁組が調った際、お出でくださるようにと、信政の留守居へ正弥の留守居から申し入れました。ところが、この返答が一切なく、「御誠意」が感じられません。とにかく、いずれ挨拶もよきようにしたいと思います。

藪田殿から言われていることもあります。近頃は資徳様の付け届けもとりわけ多く、大慶に思います。両家の間柄は近く、「御一所」でもあるので、おそれながら御挨拶をよろしく願いあげます。この紙面は正弥に伝えておりません。互いの関係をよきものにしたいと思いますので、そのようにお心得ください。

堀・市川は、資徳の再度取立を正弥が大慶に思っていると、まず湊に伝えた。そして、那須家の「御道具」（家宝）について、藪田五郎右衛門からもその意向が示され、折を見て返還することが決まった。すなわち、八月七日から十三日までの間に、那須家側から藪田へ協力を要請し、その意を汲んだ藪田が増山家側に働きかけていたことがわかる。前章同様、スムーズな返還のために、柳沢吉保の家老である藪田を動かすことに那須家側は成功したのである。

しかし、増山家側にとっては納得できないことが一つあった。それは正弥の嫡子正任の縁組に関することで、正弥の留守居から津軽信政の留守居へその旨を連絡したが、何の応答もなく、増山家側では津軽家側の態度を誠意がないと感じていたという。増山家側としては、藪田の意向も納得でき、資徳の再興も喜んでいたが、その不誠意な出来事が返還のネックになっていると暗に指摘していた。

津軽家の非礼を家宝未返還に、話をすり替えているように受け取れるが、堀・市川は湊の手紙を正弥に伝えないとし、まずは今後の「御様子」をよきものにすべきと訴えている。

一方、湊は堀・市川に対して、次のように手紙で応答している（「那須」一一三）。

昨日貴様委細被仰下拝見仕候、先以　上々様御機嫌能被為成御座奉恐悦候、

一、道具之義、藪田五郎右衛門様よりも被申上候由最前も申上候通、兎角少々御延引ニ付、　思召を不奉存、御留置被遊候を脇々ニ而奉存、屋敷方四五軒ニ而噂御座候、勿論私義も御底意ハ不奉存、各様迄推参申上候、何之道ニも道具御返シ被遊候へハ、下々迄別心無御座可奉存候、とかく御為ニ御座候へハ、宜様ニ御相談御尤奉存候、

一、対馬守様御祝言節之義、如何様ニ而間違候哉、尊神以私式曾而不奉存儀ニ御座候、此上脇々ニ而悪敷人口無御座様を御為と奉存候、如何様期貴音万々可得御意候、以上

［現代文訳］

昨日、御手紙を拝見いたしました。まずは、正弥様の御機嫌もよろしいようで、恐悦に存じます。

那須家の「道具之義」については、藪田五郎右衛門様からもお話があったようで、以前にも申し上げました通り、返還が「少々御延引」になっております。正弥様の「思召」はわかりませんが、そちらで「御留置」になっていることが「脇々」にも知られており、「屋敷方四五軒ニ而噂」になっております。もちろん私も正弥様の「御底意」がわかりません。どのようなことであっても、「道具御返シ」いただければ、下々の者に至るまで別心はないことと思われます。正弥様の「御為」にもなることなので、よくよく「御相談」いただくのがもっともなことと存じます。

正任御祝言の時のことについては、どのようにして間違いが起こったのでしょうか。神に誓って、私は全く知らなかったことであります。今後、「脇々」において「悪敷人口」とならないことが、正弥様の「御為」かと存じます。

湊は那須家の家宝について、返還が延びていることを主張しており、そこで藪田の名を出している。しかも、返還延引が周囲の噂になっていることと、早期返還こそが正弥の「御為」であることを訴えている。ただただ返還さえ果たせればよいとし、同時に正弥のことも気を遣っている。また、先に増山家側から問題点を指摘されていた、正任縁組祝言の非礼については、間違いが起きた理由はわからないとしただけで、話を戻し、どういう方法でも正弥の「御意」を得ての返還をしてほしいと湊は主張する。

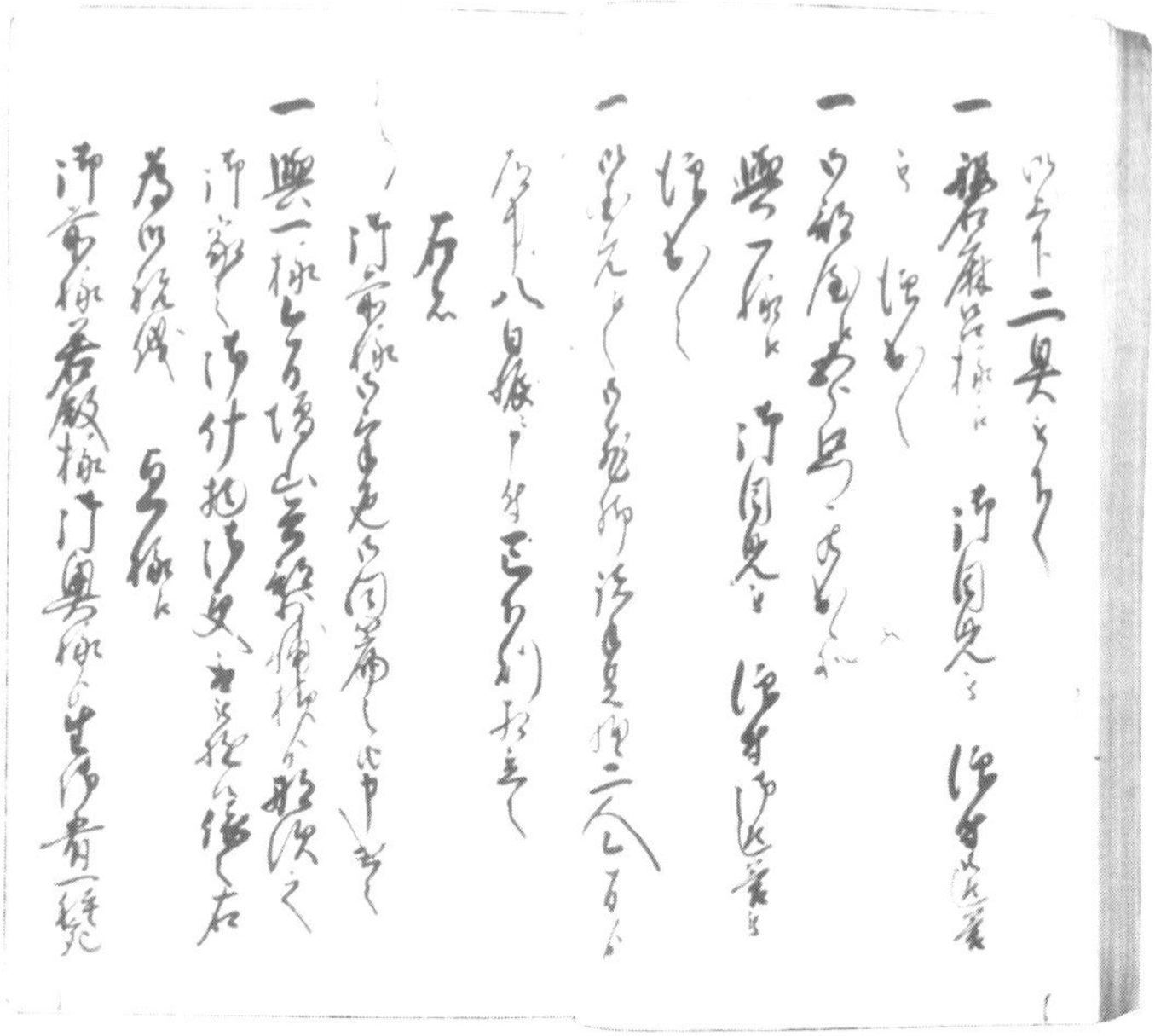

家宝返還の「御祝儀」を記した「江戸日記」元禄16年閏8月9日条

このように、湊が述べることは先の「口上」と変わらず、「噂」「脇々」「人口」を意識させ、「御為」を考慮した早期返還のみを求めている。

返還の実現

湊の運動と藪田の協力により、増山家から那須家への返還の日取りが、元禄十五年閏八月九日に決定した。増山家が引き取っていた那須家「品々」が「来ル九日四ツ時分」、すなわち閏八月九日に堀隼人が持参することとなった（「那須」三二）。

そして、予定どおり、閏八月九日に家宝返還は実現した。津軽家「江戸日記」の同日条にも、そのことが記されている。資徳は正弥から「那須之御家之御什物」を受け

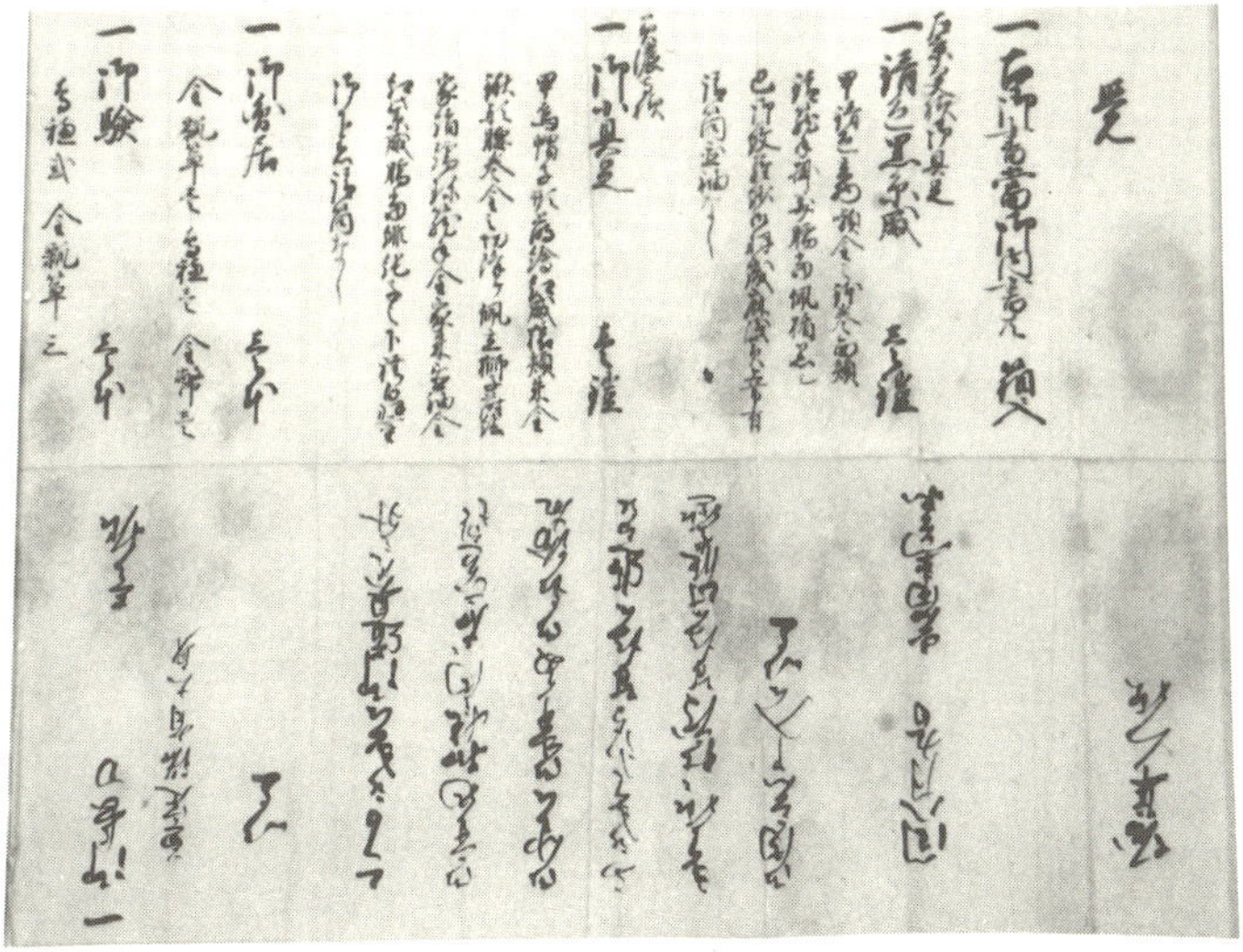

堀隼人宛の岩田衛門兵衛書状（「那須」30）

とり、その「御祝儀」として津軽家から祝いの品が贈られている。当時、信政は弘前帰国中であったが、信寿らが祝っている。

実は、この段階においても資徳の居場所は津軽家屋敷内であった。すなわち、「那須之御家之御什物」が増山家屋敷から津軽家屋敷へと運ばれたのである。同年九月三日の「江戸日記」によれば、「那須之御家之御什器、増山兵部太輔様より御受取」となった情報は、弘前の信政へもすぐに伝えられ、信政は弘前から資徳への祝儀品を贈っている。

ところが、一点重要な問題が残されていた。まだ増山家から返還されていない那須家家宝があることが判明したのである。

未返還の家宝は、「古御書・当御内書」、那須資景着用の「錆色黒糸威壱鎧」、那須資重着用の「御小具足壱鎧」、「御円居壱本」、「御験壱本」、「御長刀壱

振」であった。返還が行われた閏八月九日中に、那須家側で返還諸品の確認が行われたようで、同日、岩田衛門兵衛が堀隼人に書面を送った（「那須」三〇）。それによると、未返還のものは「御重物扣帳之内ニ右六色」とされ、那須家では以前に「御重物扣帳」が作成されていたことがわかる。これと照合した結果、「右六色」がいまだに返ってきていなかった。岩田は「御事多御取紛故不被遣候哉与奉存候」と、取り紛れてしまったためであろうと述べ、追っての返還を要求している。

また、「那須家文書」には、那須家の「御重宝」一覧を記した、十一月二十一日付の龍光院宛岩田右衛門兵衛「覚」がある（「那須」二一九）。

これは那須家が所持する家宝について、どのようなものがあるのかということを、岩田が龍光院に報告したものである。増山家からの未返還六種も含まれ、当代「御召」の鎧も含まれている。資徳時代の史料であることは間違いなく、津軽家「江戸日記」元禄十六年十二月二日条を見ると、「日光龍光院江之御返書御出シ被遊候付遣之」と記されている。すなわち、この「覚」は元禄十六年のものと考えられ、再要求した未返還家宝も無事に増山家から返還されたことがわかる。

なお、龍光院は日光東照宮の大猷院別当で、当時は天祐であった。天祐は那須家の一族、小瀧刑部右衛門藤信の二男で、宝永六年に死去したという。

そして、家宝返還後、資徳は太刀の鑑定を本阿弥光通に依頼している。元禄十五年と推定される「午ノ十二月十三日」の「成高御太刀ニ付本阿弥光通口上書一通」（「那須」二三一）というもので、那須家家宝の「成高太刀」の目利書がある。

光通は前述のとおり、父光智とともに津軽家所蔵刀剣類の整備を担当し、浪人中の資徳にも対面し、その「御腰物拭」を行った人物である。彼は「成高太刀」について冷静な評価を下し、「中より宜方」として、「上」ではないが、「脇々」にはないものなので、「秘蔵」すべきことを主張している。

さて、那須家の再興・昇格だけではなく、家宝の返還にも、柳沢吉保の家老藪田五郎右衛門が関わっていた。それは先にも紹介したとおり、藪田自身による記録「永廟御実録」にも記されている。「那須之家に代々伝はり候旗・鎧・太刀、資弥公家断絶之節、右之品増山兵部少輔（正弥）へ相渡候処、是又永慶寺（吉保）様、政弥（正弥）公江御内意御座候而、与一（資徳）殿へ御返し候」とある。増山正弥から那須資徳への家宝返還に際しても、吉保が正弥に「御内意」を示したことにより達成できたという。藪田は自身の助力によって那須家家宝の返還がなされたと認識していたのである。

屋敷拝領

那須家が旗本として再興されたのは元禄十三年五月、綱吉初御目見と領地拝領が十四年十二月、交代寄合昇格が宝永五年四月であり、家宝返還運動の元禄十五年八月・閏八月とは時期的な開きがある。なぜ、この時期に那須家は増山家に返還を求めたのであろうか。

結論を先に言えば、那須家の屋敷拝領が同時期に行われており、その関連で返還を急ぎ求めたと考えられる。

資徳に待望の屋敷拝領が命じられたのは、元禄十五年八月十日であった。「江戸日記」によると、登城した資徳に対し、「兼而御願之通御屋敷御拝領」が江戸城山吹之間で言い渡された。資徳は退出後、側用人柳沢吉保・老中・側用人松平輝貞・若年寄・側衆への挨拶まわりを行ってから帰宅した。いまだ帰宅先は本所の津軽家屋敷である。

自らの屋敷を拝領するため、資徳はかねてから幕府へ「御願」を行っていた。

しかし、拝領は認められたものの、その場所が明記されていない。まだ場所までは決まっていなかったのである。

ちょうどその頃、一〇〇〇石の旗本加藤周防守明治《あきはる》が、下野壬生二万五〇〇〇石の兄加藤越中守明英の養嗣子となり、それまでの一〇〇〇石を幕府に返上した。これは元禄十三年八月十三日のことで、同時に旗本時代の屋敷も返上し、明治は壬生藩加藤家屋敷へと移った。

すなわち本所にあった旗本加藤家屋敷は空き屋敷となり、同じく本所に上屋敷を持つ津軽家が、そこを預かることとなった。元禄十五年八月十九日の「江戸日記」によると、「今日、本所ニ而、御上屋敷近所加藤周防守様御上ケ屋敷、此方江御預ケ被成候」とあり、津軽家上屋敷とまさしく「近所」であった。

この日、本所奉行の桜井庄之助勝次《かつつぐ》と酒井与九郎重春から、「当分其元江御預ケ」とする旨が津軽家に命じられた。そこは「小屋敷ニて少々長屋在之迄之儀」なので、「番人等も軽ク」配置すればよいとされた。

「八百五十坪之屋敷」を津軽家は預かることとなったのである。

そして、この屋敷を資徳は拝領した。「江戸日記」同年閏八月二十二日条によると、若年寄井上大和守正岑《まさみね》が資徳を屋敷に呼び、「兼而御願之通」であったその屋敷の拝領を申し渡した。これを受けて、資徳はその旨を津軽信寿に報告し、使者を普請奉行の奥田八郎右衛門忠信・甲斐庄喜右衛門正永《まさなが》・水野権十郎忠順《ただくに》と、本所奉行桜井・酒井に遣わした。同月二十九日には幕府役人立ち会いのもと、屋敷を預かっていた信政から、それを拝領した資徳への引き渡しが無事に済んでいる。

こうした屋敷拝領と時を同じくして、資徳は増山家に対し、家宝の返還を要求したのである。返還の早期実現を目指したのは、屋敷拝領・引越後にその家宝を屋敷内に飾ったり、あるいは蔵に収納したりするためであり、家宝が家の歴史を象徴するものであるからこその行動であったと位置づけられる。

そして、返還が無事成就できた翌九月一日、増山正弥は常陸下館から伊勢長島への国替を命じられる。那須家屋敷拝領と増山家国替直前という、絶妙のタイミングで返還が果たされたのである。

しかし、この屋敷は那須家にとって非常に狭かったようである。直後に幕府へ屋敷替を願い出ている。結果、元禄十五年十二月十九日、当時留守居をつとめていた旗本井戸対馬守良弘との屋敷替が許可されることとなる。それは資徳の「御願之通」のことでもあった。

ところが同月二十七日、浅草で発生した火事が本所にも広がり、津軽家の上屋敷が全焼してしまった。急遽、上屋敷に居住していた津軽家の面々はそこを立ち退き、資徳らと津軽家中屋敷へ移っていった。翌日、中屋敷の家老長屋にいた資徳は、そこが手狭であったために、津軽家下屋敷の佐藤軍大夫長屋へ移り、湊織部などの供廻りも下屋敷の明長屋へ引っ越していった。

それから、新那須家屋敷の修復工事が急ピッチで進められた。「江戸日記」によると、元禄十六年三月二十七日に津軽家では、「与一様御移徙之日」に「御屏風三双・蕨樽一荷・生肴一種・昆布一箱」を祝儀の進物として贈ることを決めた。信政の「御誕生日」でもある同年七月十八日、資徳は拝領した自らの屋敷に移っていった。改易により津軽家屋敷に身を寄せた貞享四年から、十六年後のことであった。

その後も、那須家屋敷の普請が繰り返された。宝永元年には、六月十八日に「誓願寺前御屋敷」の棟上があり、資徳は七月十五日に移徙、さらに同三年には、八月二十六日に本所の屋敷が棟上、九月二十六日に屋敷の作事が完了し、資徳はそこへ移っている。

将軍吉宗の上覧

増山家から那須家に無事返還された家宝はその後、『近世武家社会の儀礼と交際』でも述べたように、将軍吉宗の上覧があった。

吉宗は諸大名・旗本や寺社の家宝を江戸城で上覧した。那須家家宝もその一つで、吉宗の上覧品に選ばれた。この時すでに、津軽信政・那須資徳は死去しており、それぞれ信寿・資隣に代替わりしていた。

享保十二年、吉宗が旗本那須家の家宝を上覧した際の経緯を記した記録が残されている（「那須」

二一一)。その契機は、閏一月十五日の月次登城時で、老中松平乗邑《のりさと》の「那須与一宗隆所持之重器」閲覧希望を、幕府奏者番の松平忠暁《ただあきら》が那須家に伝えてきたことであった。しかもそれは「密」に進められ、吉宗より先に乗邑が見たのである。

これに対して、那須家は特別な抵抗はなかったようで、すぐに見せるための対応を進め、早くもその二日後に渡している。那須家は江戸に常駐しており、家宝も所領内ではなく、江戸の屋敷内に保管していたことを示している。

ここで注意したいのは、忠暁は乗邑の閲覧希望を伝えているのであり、吉宗の上覧希望を伝えているわけではないということである。結果的に見れば、那須家家宝を吉宗が上覧し、それが「珍敷重宝」で「御満足」という吉宗の評価があったことが那須家に伝えられている。しかし、那須家は当初、上覧を意識していない。「暫預置」とされただけで、家宝の返却時に将軍上覧の事実を知ったようである。つまり、乗邑が吉宗に家宝情報を流したと考えられ、乗邑の行為は上覧前の私的な内見であった。

実は、忠暁は乗邑の弟で、松平忠尚の養子となっていた。忠尚の娘が津軽信寿の妻であり、忠暁は津軽家や那須家とも縁戚関係にあった。その「由緒」によって、乗邑は忠暁から那須家「重器之事」に関する情報を得ることができたのである。

さらに、興味深いのは、上覧が行われたことを那須家が他者に伝達していることである。史料には「吹聴」と記されている。その相手は弘前藩主津軽信寿とその嫡子信興であった。信寿と資隣の父資徳は、これまで見てきた通り、実の兄弟でもある。資徳亡き後も、両家の親密な縁戚関係は継続され、那須家は吉宗の上覧を祝儀事として津軽家に「吹聴」しているのであろう。

吉宗が上覧したのは、「宗隆於八嶋射扇的之時所着之鎧一領、同成高之太刀、并太郎肥前守光資従　頼朝公奉預之白旗一流」であった。

また、この上覧について、津軽家「江戸日記」に関係記事が載せられている。

享保十二年閏一月十八日、資隣の家老板垣覚左衛門が資隣「御意」を記した口上書を、信寿の家老佐藤帯刀へ伝えた。それは乗邑が那須家家宝を見たいという「御内々」の意向があり、資隣は乗邑の実弟忠暁を通じてそれらを渡した。

さらに板垣は、幕府寺社奉行が那須「雲源寺」に、那須家家宝の由緒について尋ねるため江戸へ来るよう命じたことと、かつて「御領分」であった須佐喜村は現在他領（幕府領・黒羽藩領）であることを付記している。

なお、尊経閣文庫に「那須与市太刀之図」という史料がある。これは、「下野国雲岩寺伝来」の太刀（銘成高）を享保十二年三月に狩野即誉が書写したものである。即誉は幕府御用絵師の種信で、詳細な経緯はわからないが、吉宗上覧時に写が作成され、加賀前田家（当時の当主は吉徳）に渡ったようである。

また、同月二十九日の「江戸日記」からは、資隣自身が津軽家屋敷を訪問していることと、乗邑に提出した那須家家宝を吉宗が上覧し、「珍物」という「上意」があったと信寿に伝えたことがわかる。

こうして元禄期に藪田五郎右衛門らの協力を得て、増山家から返還された那須家家宝は、享保期に将軍の上覧を得ることに結実したのである。その後、那須資明（芝山）が天明・寛政期に那須家家宝などの古物写生を行ったことが知られている。

第十章　那須家の「その後」

津軽家の経済援助

第八章第一節において、「上屋敷江当家由緒之事覚」を取り上げた。その最後に、那須家が津軽家の「御合力」・「御世話」を得て家中を扶助し、「公辺勤万事」を整えることが可能になったと記されていた。はたして、「御合力」や「御世話」とはどのようなものであったのだろうか。

それは大きく三つに分けられる。一つに家臣、二つに物品、三つに金銭の援助である。

まず家臣については、資徳の家臣が大名時代の那須家旧臣だけではなく、津軽家からの派遣によって賄われていた面がある。

資徳はもともと津軽信政の実子であるため、那須家に養子入りする前から専従の家臣が存在していた。養子縁組後も津軽家から「与一様附」の面々が付けられ、浪人時代においてもその「与一様附」が機能していた。

この「与一様附」は那須家の再興後もしばらく継続されていた。「江戸日記」元禄十五年（一七〇二）三月六日条によれば、津軽家屋敷内での狂言に、「与一様附之面々」も見物が許された。そこには佐藤雄閑・湊織部・板垣外記・長尾三郎右衛門・佐藤角大夫・小山兵次右衛門（当日病気）・長野弥右衛門・近藤伝六らが挙げられている。この内、湊・板垣・長野は那須家旧臣であり、佐藤や長尾は津軽家から付けられた者たちである。当時の資徳家臣はその両者で構成されていた。

翌十六年三月九日条には、阿部甚太左衛門・木村平左衛門・成田忠兵衛・白戸久右衛門・桑田半大夫・松村文七の六人が「与一様御歩行」に任じられ、「御国元」すなわち弘前を出立し、江戸へ到着したことが記されている。同日には「与一様御中小姓　館山半五郎」が、那須家の「御人多」という状況になったため、「御国元」弘前へ「御下シ」となった。こうした例は非常に多く、資徳の家臣は津軽家の協力によって得られた部分が多かったのである。

また、同月二十二日条によれば、「御料理人」瀬谷定右衛門が召し出され、吉崎長助と木村七之丞が草履取りから「御家具之者」に変わり、「御足軽五人」や「中間廿七人」が召し抱えられることとなった。

なお、料理人の確保はどの武家でも重要で、「江戸日記」元禄十五年三月二十三日条によると、津軽家の場合、料理人二人を召しおくよう指示があったが、適任者がなく延期となっていた。その中で、以前に桑名藩主松平越中守定重のもとで仕えていた古川半左衛門が、働きぶりも包丁の「切方」もよいとの評判で、実見後に召し抱えることとなった。

津軽家では資徳が専用の那須家屋敷に移ってからも、その家臣の情報を把握している。たとえば宝永二年閏四月九日、「与一様御家老板垣外記」の跡目が養子の覚左衛門に命じられたことを、資徳家老の湊織部が津軽家に報告している。

ここで資徳の家臣について簡単にまとめると、津軽家庶子時代から那須家養子時代は、津軽家から付けられた者たちが従った。大名那須家当主時代は、旧来からの那須家家臣と主従関係になったが、改易後はその関係が解消された。浪人時代は、再び津軽家から家臣が付けられている。そして再興後、旗本当主時代は那須家の旧臣と津軽家から雇用した家臣とで構成された。二万石の大名と一〇〇〇石の旗本では大きな差があり、全容はわからないが、湊・板垣・長野のような再仕官した旧臣はわずかであろう。

物品援助も事例が多い。屋敷で使用する幕・屏風・畳・蝋燭・膳部や、資徳が着用する羽織など、津軽家「江戸日記」に散見するが、これらの調達や費用負担を津軽家が行うため、その日記に書かれているのである。

金銭援助に関する記事も「江戸日記」に頻出する。それは「与一様御入用」として、様々な面での援助を津軽家が行っている。元禄十四年九月二十三日には、「与一様御用」の名目で、「金子弐両・米五俵」を津軽家から渡すことが決められている。元禄十六年九月十四日によれば、資徳から吉保への「御進物代」も津軽家が負担していたことが判明する。

那須家が拝領した屋敷の普請も同様で、元禄十六年六月二・九・二十九日、七月四・十一日などに、屋敷や長屋・馬屋の入用が記されている。津軽家が建てた屋敷のようなものであった。

さらに宝永期になると、津軽家から那須家への多大な合力金が渡されるようになる。宝永二年（一七〇五）六月三日には合力三千石、翌三年三月二十一日には資徳の妻へ合力金百両を渡すこととした。同年七月九日、資徳への「当秋御物成金」二五〇両がわざわざ「御国元」弘前から運ばれている。決して津軽家の財政は潤沢ではなかったが、那須家への経済援助を続けていたのである。

資徳・資寛の死去と妻子

旗本として那須家は再興し、知行を得て、家臣も増員した。長らく滞在していた津軽家屋敷を離れ、拝領した専用の屋敷へと移り住んだ資徳にとって、次なる課題は那須家を存続させることであった。すなわち、妻を迎え、嗣子をもうけることで、それが最後の課題となった。資徳の妻子や資徳自身の死去については、津軽家「江戸日記」に見ることができるので、本節では宝永期の「江戸日記」を引用して、その経緯を追うことにしよう。

宝永元年三月十五日、資徳と花房右近正矩の娘との縁組が成立した。翌日、それが「御願之通昨日被仰出」たことを知らせるため、津軽家から諸方面へ吉報が伝えられた。

花房家は寄合旗本で、五〇〇〇石の大身であった。当時の那須家も寄合であり、一〇〇〇石と五〇〇〇石という差はあるが、寄合同士での婚姻が結ばれることとなったのである。これは以前より幕府へ「御願」をしていたことで、おそらく前年の那須家屋敷拝領前後から動き出したものと思われる。

前述のとおり、資弥養子時代から烏山藩主時代の資徳は、中村藩主相馬昌胤の妹と婚約していた。大名時代には相応の大名家と、寄合旗本時代には相応の旗本家と、それぞれ家格に見合った相手が選択されている。

那須・花房両家の結納は同年六月十一日に交わされた。前日には、資徳から花房正矩への「御結納御祝儀之品々」を、信政自らが直接「御覧」になっている。迎えた当日、信政立ち会いのもとで結納が無事に執りおこなわれた。「右御結納就御祝儀、御下屋敷より屋形様御帰」とあるので、当時の資徳は津軽家下屋敷に滞在しており、そこで結納が交わされたことがわかる。

同年九月二十五日には、両家の婚礼が十二月九日と定められた。

十一・十二月になると、婚礼に関わる諸品の準備が着々と進められ、「御寝道具」や「御寝着」、「鶴亀松竹金之御屏風」、床の間の「御掛物」などが用意された。これらは津軽家が調えており、十一月十五日条には資徳の婚礼入用や呉服などの用意が津軽家家臣に命じられた。資徳の婚姻費用も津軽家が担っていたのである。

前述のように、那須家の「誓願寺前御屋敷」が完成し、同年七月十五日に資徳はそこへ移っている。十二月十八日、「今日　与一様江花房右近様初而御舅入之御見参」とあり、婚礼後、初めて正矩が資徳の

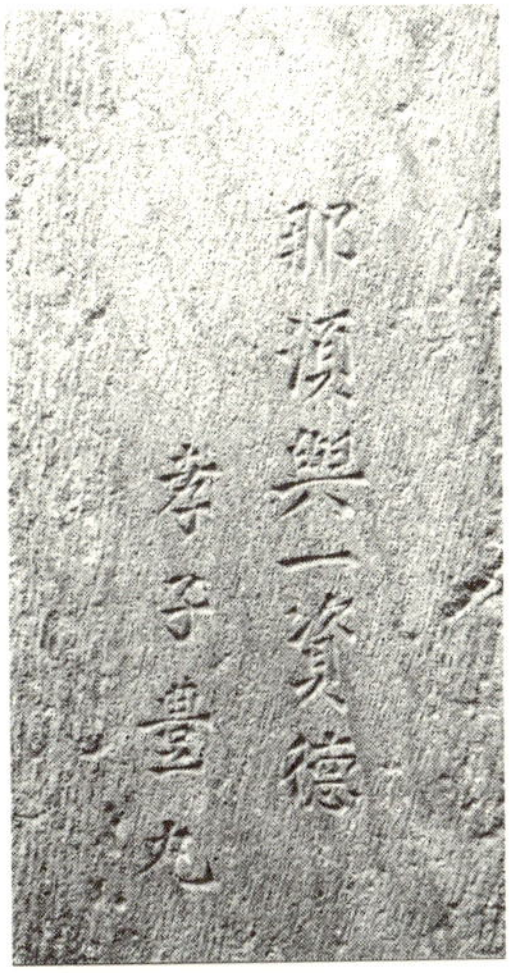

東京の谷中霊園にある那須資徳の墓と背面の碑文
（墓は左が資徳。右は資称のもの）

屋敷を訪れた。

そして、翌宝永二年十月十八日、資徳に第一子が誕生する。最初に生まれたのは娘であった。資徳は早速、家老湊織部から津軽家にその吉報を伝えている。誕生は「今朝七時」（午前四時頃）であったが、信政は「四過」（午前十時過ぎ）に資徳の屋敷へ駆けつけている。十一月二十七日には、信政から孫娘へ「御守脇差」が贈られている。これは本阿弥光通に命じたもので、「右代金弐拾七両」であった。

さらに、宝永三年十二月二十七日、那須家の跡取りとなる待望の男子が誕生する。この男子は「豊丸」と名付けられ、翌四年一月二十七日には「御宮参」も行われ、順調に成長していった。宝永五年五月一日には、資徳の第三子となる二男「福原鉄之進」が誕生した。前後して、もう一人の娘も誕生したようである。

しかし、同年六月二十五日、資徳は三十七歳の若さで死去する。「廿一日より御不快」、「御腹痛」による「御痞《つかえ》」となり、「御気色段々御差重り」と悪化し、「今晩暮六時分」(午後六時頃)に世を去った。すなわち資徳は、十一年間の津軽家庶子時代、四年間の那須家養子時代、二ヶ月間の烏山藩主時代、そして十三年間の浪人時代を経て、八年間の寄合旗本時代と三ヶ月間の交代寄合旗本時代という生涯であった。

資徳が死去した日、津軽家では、「与一様御死去」に伴う鳴物停止が家中全般に触れられている。二十七日に資徳は上野浄円院へ出棺となり、八月十五日には「御四十九日」が執行された。

残された那須家嫡子の豊丸はまだ一歳半であった。そのため家の存続が危ぶまれたが、宝永五年八月二十三日、幕府から無事に家督相続が認められている。大目付からの登城指示の書状によると、相続者が幼少か病気の場合は、「御名代」を立てればよいとされた。無論、幕府側は豊丸が幼少であることを熟知しており、那須家の存続を前提とした処置であったと見られる。幕府の隠便な姿勢が見受けられよう。当日は「御名代」として豊丸の祖父花房正矩が登城し、幕府から豊丸の家督相続認可を命じられた。

津軽家でも豊丸の相続に安堵し、家中での祝儀が行われている。豊丸は使者として湊八郎(織部の嗣子)を津軽家に遣わして、進物を贈った。

しかし、同月晦日条からは、豊丸への代替わり直後の経済的苦境がわかる。豊丸の家臣である長尾三郎右衛門・湊八郎・板垣角左衛門が、津軽家の家老津軽靱負に会い、家中の扶持米にとても困っており、米でも金子でも構わないので支援してほしいと嘆願した。靱負は津軽家勘定奉行と協議し、「御金ニ而弐拾両」を渡すことを決めている。津軽家は那須家側の要請に応じたのである。

そして宝永六年、一月十日に将軍綱吉が死去し、那須家では同日に資徳の娘「おてま」、同月二十二日に二男福原鉄之進が、いずれも「御疱瘡」により早世した。津軽信政は翌七年十月十八日に六十五歳で亡くなる。六代将軍には家宣が就任し、豊丸は資隣《すけちか》と名乗り、「与一」を継承する。津軽家では信寿が新藩主となる。柳沢家でも吉保から吉里への代替わりが宝永六年六月に行われた。いずれも新しい時代を迎えたのである。

もう一人の資徳の娘「お初」は、享保七年十月十四日に死去（慈妙院）している。

一方の烏山騒動の当事者、福原資寛はどうであろうか。那須家改易と同時に、資寛は母とともに平野長政へ預けられたが、その長政が元禄十三年七月二十七日に五十九歳で死去した。平野家は長英が同月十二日に綱吉の初御目見を得て、十二月九日に無事相続が許された。その間、八月二十七日に資寛が赦免されている（『寛政譜』）。

この経緯を記した史料（写）がある（「那須」四五）。増山正弥が元禄十三年六月二十二日に老中土屋政直に「御書付」を提出した。長政のところへ「御預ケ之後」、資寛に「倅」が誕生し、「今年十四歳」になったので、増山・平野両家で扶助してきたが、この時に正弥が「召仕扶助」することを願い出たのである。

那須家の御家再興が認められたのが同年五月二十日であり、正弥・長政は、その直後に資寛の処遇について働きかけを行った。長政の病状もあって、対応が急がれたのであろう。

また、同史料の「覚」によると、資寛は預けられた時が「廿四歳」、「当辰年」（元禄十三年）には「三十七歳」になっていた。「図書伜長次郎儀出生之訳」も記されている。烏山において資寛の母に仕えていた下女に、皆川五右衛門という者の娘がおり、彼女と資寛との間に長次郎が生まれた。その長次郎は五右衛門方で養育され、十一歳の時に麻布不動院に依頼して江戸へ遣わした。不動院は烏山の金剛寿院の弟子であったため、その伝手を頼ったのである。そして、四年前から増山・平野両家で申しあわせ、長次郎を「内証ニ而扶助」してきたという。同年八月六日、平野右衛門（長英）が差し出した「口上覚」からは、資寛の母が同年二月に死去したことを老中秋元喬知に届けており、資寛の処遇をどうすべきかを尋ねていることがわかる。

そして、八月二十七日、幕府は正弥に対し、資寛を引きとって「勝手次第父子共ニ家来」とすることを認めた。早速、正弥は資寛・長次郎父子を家来としたが、翌十四年八月二十日に資寛は死去した。そこで、正弥は長次郎に家督相続を命じ、「呼名内蔵之助」に改名することになったと記されている。

那須資明と津軽信明

資徳亡き後、那須家は子の資隣《すけちか》、孫の資虎《すけとら》が継承し、曾孫の資明《すけあきら》が安永六年（一七七七）に相続、いずれも「与一」を名乗った。この資明は、中世以来那須家が所持してきた文書の写本を作成し、また旗や太

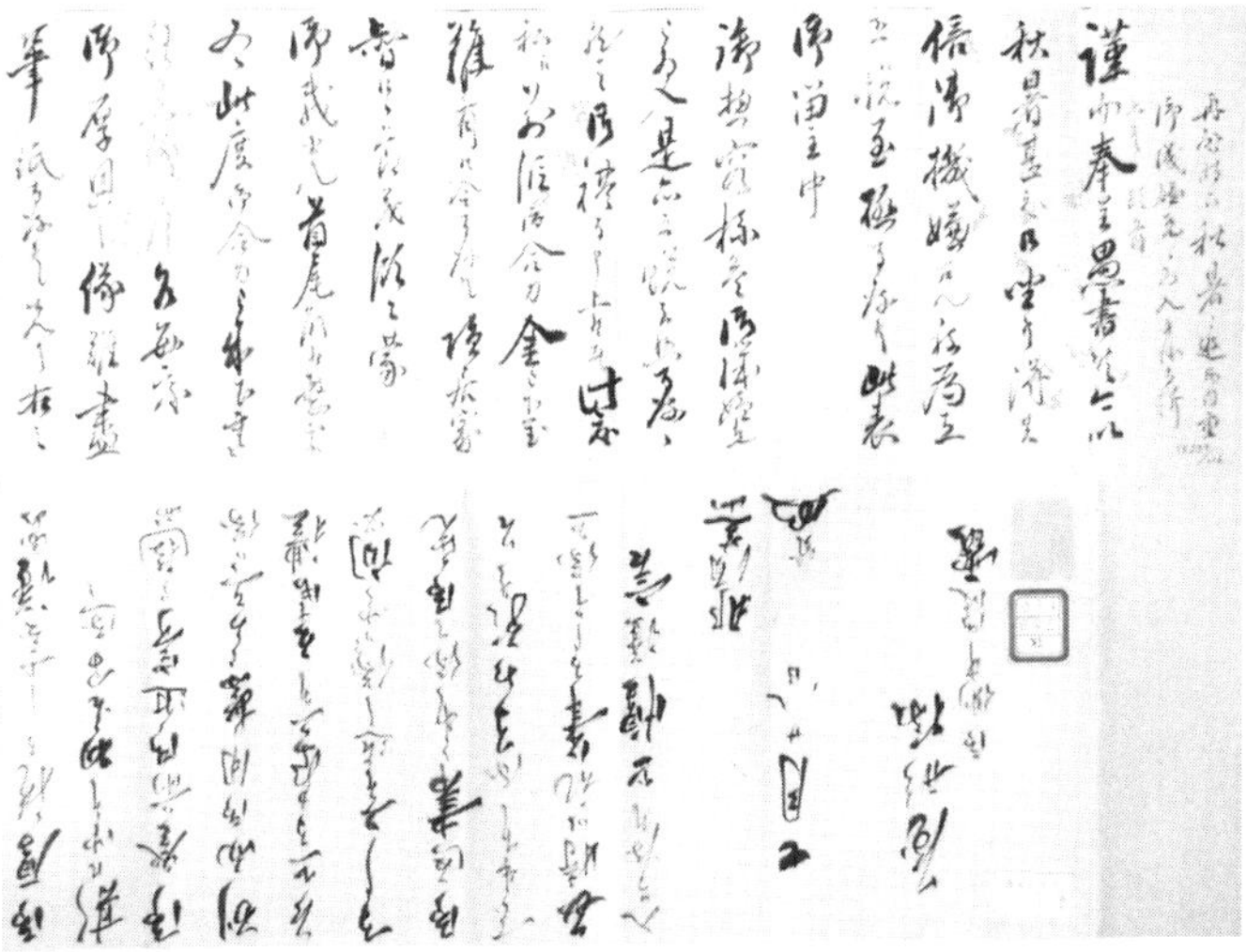

津軽家当主宛の那須資明書状（「津軽家文書」）

刀などの家宝の写生図を完成させるなど、文化人としての一面を有していた。写すばかりではなく、資明自らによる和歌や漢詩、絵画も残されており、「芝山《しざん》」という号も有していた。

その資明の正室が弘前藩主津軽信明の妹豊であり、那須・津軽両家はさらに強い絆で結ばれることとなった。宝暦十年（一七六〇）生まれの資明に対し、信明は同十二年生まれであり、二歳違いと年齢も近く、親しき義兄弟であったようである。

弘前市立弘前図書館所蔵「津軽家文書」の中に、十二通の「那須与一」書状と、六通の「那須芝山」書状がある。いずれも資明から信明や子の寧親《やすちか》、またはその家臣宛で、江戸から弘前へ送ったものである。

この十八通の資明書状は、月日のみが記され、何年のものであるかを確定するのは難しいが、天明～

文政期の範囲内であろう。その間、明和二年（一七六五）生まれの資明正室は天明八年（一七八八）、信明は寛政三年（一七九一）に死去し、資明は文化八年（一八一一）に隠居している。ただし、『那須家資料』によれば、資明が「芝山」を号するのは必ずしも隠居以後ではないようである。

ここで、津軽家宛の資明書状を取り上げるのは、その文面から、両家の親密さや資明の生活ぶりを垣間見ることができるためである。「那須与一」書状と「那須芝山」書状をそれぞれ月日順に並べると、前者は①一月二十三日、②閏一月四日、③二月十五日、④四月二十一日、⑤六月二十七日、⑥七月十五日、⑦七月二十四日、⑧八月十六日、⑨九月七日、⑩十一月二十七日、⑪十二月二十四日、⑫十二月二十八日である。後者は⑬一月三日、⑭一月二十四日、⑮七月二十八日、⑯十月十五日、⑰十二月二十六日、⑱月日不詳である。

まず前者「那須与一」書状の⑫では、資明が津軽家から「珍敷生鱈」を拝領し、さっそく拝味したところ、新鮮かつ珍品でとてもありがたいと、食した感想を述べている。また、弘前は「雪中厳寒」と思われるが、この年は江戸においても「珍敷度々之大雪」に見舞われ、その寒気は凌ぐことができないとしている。近頃は雪も珍しくはないほどで、江戸中の者が困惑しているとの嘆息も漏らしているほどであった。

気候に関しては、⑨で「当夏者厳敷暑気」であることを記している。さらに資明は「私儀も日々閑暇ニ罷在、鳥なといぢり罷在候」と、飼い鳥と遊んでいる日々である旨を伝えた。また、段々涼しくなってきているので、馬で遠乗にも出かけたいところだが、江戸の町は迂闊に出歩けない状況であるという。学問に励む当時の寄合旗本の姿も報告している。

江戸の町については、④で揚弓「十本之内漸四・五本程当」てられるようになったことを述べた後、「木下川薬師開帳」に資明も先頃参詣したことを記す。季節柄、「皆葉桜」となっていたが、「回向院ニも祐天寺開山祐天僧正木像開帳」により、天気のよい日の屋敷近辺は「日々賑やか」であった。

また、資明は津軽家の動向も熟知していたようで、③では津軽家姫君の疱瘡が「殊之外御軽」く済んだので、津軽家でも「甚御安堵」しているだろうとする。⑤は「松前表之義も春来静謐之段相伺」とある。これは寛政元年に蝦夷地騒乱となったことから津軽信明が松前への視察を行っており、その直後のものと思われる。資明が信明の身の上を「御心配」と気遣っている様子がうかがえる。

そして、⑦では弘前藩領の作物豊熟祈念や、江戸における資明の状況を伝える。すなわち「すすめにより御屋敷にて鞠一度仕候処、たちまちくつづれ出来、甚難儀仕」とあり、他人の薦めで鞠を試してみたが、すぐに靴ずれができてしまい、非常に難儀したという。「右躰之儀扨々大笑致候事ニ御座候」との言葉で締めくくり、自らを笑っている。

一方、後者の「那須芝山」書状の⑯からは、「私好ミ」に染色させた小紋を津軽家に進呈していたことがわかる。その末尾では、津軽家に「御国製之水筆」の所望を伝えている。その願いがかない、資明が津軽家からその「数枝」を拝領できたこと、それを子の資礼《すけひろ》にも配分したことが⑭に記されている。

資明は、自身の隠居生活についても述べている。⑬では、隠居して種々楽しんでいるだろうとお思いでしょうが、思いのほか楽しみもなく、いろいろなことが重なって、むしろ心労がたまるばかりだと言い、今後は気楽に暮らしたいとの希望を語っている。

さらに⑮からは、隠居の資明に対しても津軽家から「御合力金」が与えられていたことがわかる。資明は、自身の隠居も、資礼の家督相続も、津軽家の「御威光」によって調ったにもかかわらず、さらに「御合力」を得たことへの感謝を伝えている。

那須・津軽両家の関係は、津軽信政と那須資徳が実の親子であるところに始まり、那須資明の正室として津軽信明の妹が選ばれた。資明の跡を継いだ資礼は津軽家の一門である津軽直記順朝の娘を養女に迎え、丹後宮津藩松平（本庄）宗秀の四男を養子資興《すけおき》とし、明治維新を迎える。その二人の間に生まれた資《すけ》穀《よし》は、一時期、東京の津軽家屋敷に同居し、さらに那須家は一家で弘前へと移住していく。

元禄時代の那須与一資徳は、養子相続から改易、長い浪人時代、そして御家再興と、激動の時代を実父津軽信政とともに生きぬき、そこで形成された那須・津軽両家の親密な関係は、以降の時代へと引き継がれ、強く深い絆・縁が継承されていったのである。

関係系図

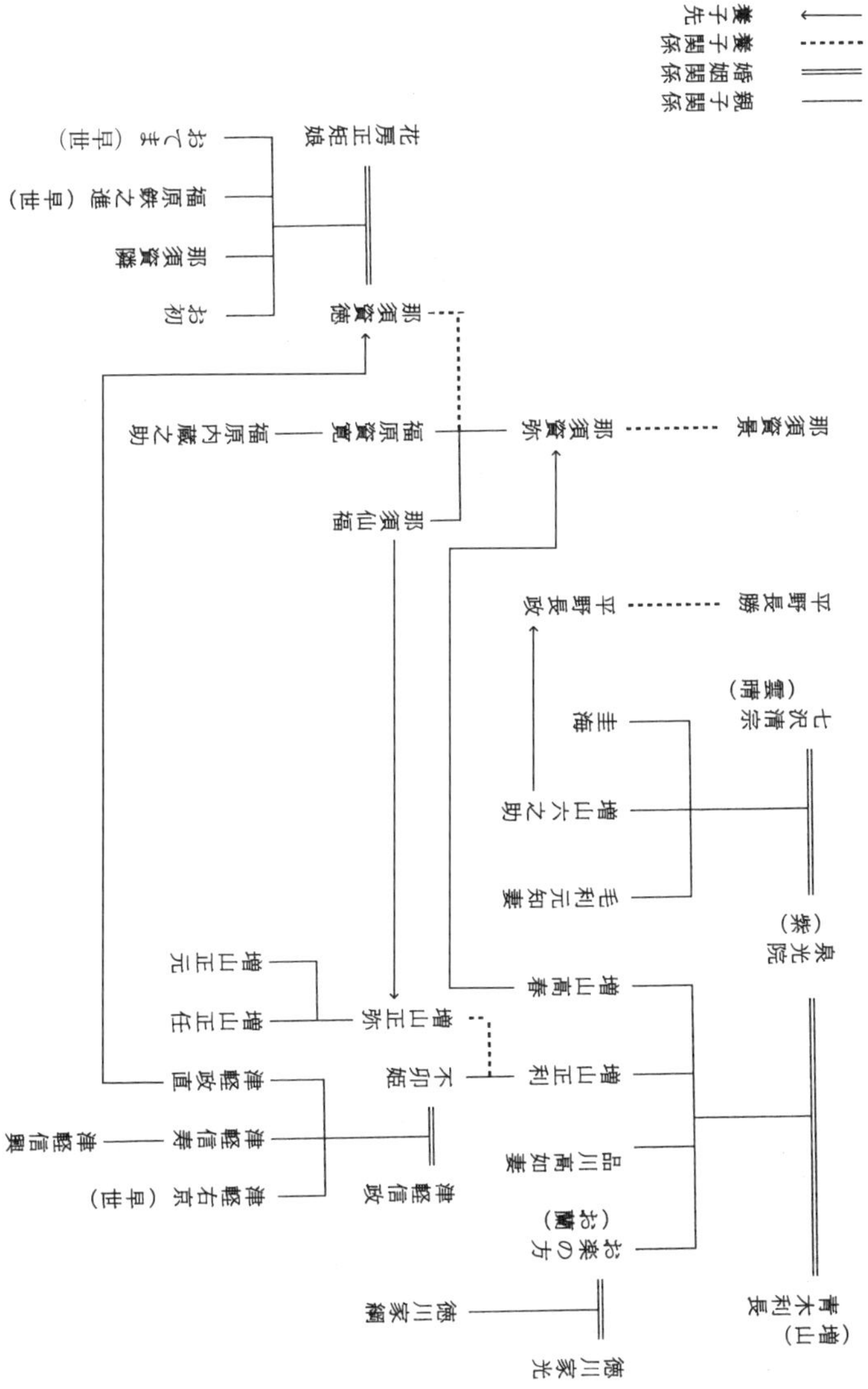

親子関係
婚姻関係
養子関係
養子先
那須資景
那須資弥
福原資寛
福原内蔵之助
那須仙福
那須資徳
花房正矩娘
おてま（早世）
福原鉄之進（早世）
那須資隣
お初
平野長勝
平野長政
七沢清宗（雲晴）
泉光院（紫）
圭海
増山六之助
毛利元知妻
青木利長（増山）
増山高春
増山正利
品川高如妻
お楽の方（お蘭）
増山正弥
増山正元
増山正任
不卯姫
津軽信政
津軽政直
津軽信寿
津軽右京（早世）
津軽信興
徳川家光
徳川家綱

主要参考文献

史料

弘前市立弘前図書館「津軽家文書」
弘前市立弘前図書館「八木橋文庫」
国文学研究資料館「津軽家文書」
尊経閣文庫「那須与市太刀之図」
栃木県立博物館（保管）「那須隆家文書」（大田原市那須与一伝承館へ移管・寄託）
彦根城博物館「井伊家文書」
内閣文庫「江戸幕府日記」
内閣文庫「諸家系譜」
内閣文庫「柳営日次記」
柳沢文庫「永廟御実録」（東京大学史料編纂所写真帳を利用）
陽明文庫「近衛家雑事日記」（東京大学史料編纂所写真帳を利用）
陽明文庫「基熈公記」（東京大学史料編纂所写真帳を利用）

刊本史料

『青森県史』資料編近世二、二〇〇二年

『永禄日記』みちのく叢書第一巻、国書刊行会、一九八三年復刻
『江戸幕府日記　姫路酒井家本』藤井讓治監修、ゆまに書房、二〇〇三〜二〇〇四年
『御触書寛保集成』高柳真三・石井良助編、岩波書店、一九三四年
『鹿沼市史』資料編古代・中世、一九九九年
『関東甲豆郷帳』関東近世史研究会校訂、近藤出版社、一九八八年
「元禄宝永珍話」『続日本随筆大成』別巻五、吉川弘文館、一九八二年
『御当代記』戸田茂睡著・塚本学校注、平凡社、一九九八年
『新修彦根市史』六巻史料編近世一、二〇〇二年
『新訂寛政重修諸家譜』続群書類従完成会、一九六四〜一九六七年
『新編高崎市史』資料編五近世一、二〇〇二年
『新編弘前市史』資料編二近世編一、一九九六年
『相馬藩世紀』第一、続群書類従完成会、一九九九年
『津軽藩旧記伝類』みちのく叢書第三巻、国書刊行会、一九八二年復刻
『土芥寇讎記』金井圓校注、人物往来社、一九六七年
『徳川諸家系譜』第一、続群書類従完成会、一九八二年
『栃木県史』史料編中世二、一九七五年
『栃木県史』史料編近世四、一九七五年
『平山日記』みちのく叢書第一七巻、国書刊行会、一九八三年復刻
「松蔭の日記」『甲斐叢書』第三巻、甲斐叢書刊行会、一九七四年

「大和守日記」『日本庶民文化史料集成』第一二巻、三一書房、一九七七年

研究書・論文

朝尾直弘編『譜代大名井伊家の儀礼』彦根城博物館、二〇〇四年
荒川善夫『戦国期東国の権力構造』岩田書院、二〇〇二年
市村高男「関東における徳川領国の形成と上野支配の特質」『群馬県史研究』三〇、一九八九年
岩淵令治『江戸武家地の研究』塙書房、二〇〇四年
内野豊大「「御預」大名の生活と家臣団―越後騒動後の松平光長家―」森安彦編『地域社会の展開と幕藩制支配』名著出版、二〇〇五年
大森映子『お家相続―大名家の苦闘―』角川書店、二〇〇四年
岡崎寛徳『近世武家社会の儀礼と交際』校倉書房、二〇〇六年
笠谷和比古『近世武家社会の政治構造』吉川弘文館、一九九三年
川田貞夫「徳川家康の関東転封に関する諸問題」『書陵部紀要』一四、一九六二年のち小和田哲男編『徳川氏の研究』吉川弘文館、一九八三年に所収
小池進『江戸幕府直轄軍団の形成』吉川弘文館、二〇〇一年
高澤憲治「松平定信の幕政進出工作」『国史学』一七六、二〇〇二年
塚本学『徳川綱吉』吉川弘文館、一九九八年
栃木県立博物館『栃木県立博物館調査研究報告書「那須家資料」』、二〇〇三年（舩木明夫氏解説執筆）
中野等『立花宗茂』吉川弘文館、二〇〇一年

浪川健治編『近世武士の生活と意識「添田儀左衛門日記」』岩田書院、二〇〇四年
橋本政宣編『近世武家官位の研究』続群書類従完成会、一九九九年
長谷川成一『弘前藩』吉川弘文館、二〇〇四年
平野明夫「関東領有期徳川氏家臣と豊臣政権」佐藤博信編『中世東国の政治構造』岩田書院、二〇〇七年
深井雅海『徳川将軍政治権力の研究』吉川弘文館、一九九一年
福田千鶴『幕藩制的秩序と御家騒動』校倉書房、一九九九年
福田千鶴『御家騒動』中央公論新社、二〇〇五年
福留真紀『徳川将軍側近の研究』校倉書房、二〇〇六年
藤田覚『幕藩制国家の政治史的研究』校倉書房、一九八七年
藤田恒春「大名「改易」の構造」『史泉』六五、一九八七年
堀新「岡山藩と武家官位―池田綱政の少将昇進をめぐって―」『史観』一三三、一九九五年
堀新「史料紹介　岡山藩官位関係史料（一）」『早稲田大学図書館紀要』四二、一九九五年
松平秀治「仙台伊達氏の官位昇進運動について（上・中・下）」『皇学館大学史料編纂所報』一五～一七、一九七九年
母利美和「秀吉の天下統一と井伊直政」『彦根城博物館だより』五四、彦根城博物館、二〇〇一年
山本博文『武士と世間』中央公論新社、二〇〇三年
吉田伸之『巨大城下町江戸の分節構造』山川出版社、二〇〇〇年

あとがき

二〇〇六年十二月八日、法政大学名誉教授の村上直先生から、同成社江戸時代史叢書の執筆に関する御推薦の御電話をいただいた。企画案ができ次第、同成社と打合せをしてくださるとのこと。将来的にそうした執筆ができればとは思っていたが、即快諾した。『遠山金四郎家日記』の初校が終わって、一段落していたというタイミングもよかったが、嬉しさのあまり、即日、企画書を書き始めた。

しかしそれ以上に、同じ川崎市在住の先生から、「川崎に住んでいる近世史の研究者が少ないので、研究を頑張ってほしい」ということを直前に言われており、それにお応えしたいという思いがあった。直前というのは、その二ヶ月前の同年十月七日。中原区市民館において第五回川崎歴史シンポジウム「将軍の鷹狩りと江戸近郊農村」が開催され、法政大学教授の根崎光男さんからパネラーの一人としてお誘いくださった。当日は村上先生と根崎さんの講演に続き、加藤貴さんと私を加えた四人がパネラーとして壇上に並んだ。

執筆の御推薦をいただいた村上先生と、右記シンポジウムのお声をかけてくださった根崎さんに、改めて感謝申しあげたい。お二人とも、同叢書を二冊ずつ出されており、そこに名を連ねられたことも非常に光栄である。本書執筆にしても、パネラー参加にしても、いつの間にか依頼をしていただけるまでの研究年数を積み重ねていたのか、とこの十数年を振り返りながらしみじみと思う。

執筆過程では、栃木県立博物館学芸員の船木明夫さんにも大変お世話になった。拙著『近世武家社会の儀礼と交際』同様、「那須隆家文書」の調査・分析でいろいろと御教示をいただいた。那須家の文書は調査・執筆当時、栃木県立博物館に保管されており、おかげで調査をスムーズに行うことができた。特別利用を許可いただいた、所蔵者の那須隆さんにも感謝申し上げたい。なお、この文書群は、本年十月五日開館予定の大田原市那須与一伝承館に寄託される。

数年前、その船木さんからの依頼で、栃木県立博物館調査研究報告書である『那須家資料』の調査・分析に協力させていただいた。本書は同書を多く参照している。可能な限り、年不詳文書の年代を確定し、津軽家文書と合わせて検討することで、より立体的なものとなるよう心がけたつもりである。

筆者にとっては初めての一般向け単著であり、これまでの研究成果をどの程度伝えることができたか甚だ心もとないが、御寛恕いただきたい。

最後に、研究活動のために日頃協力くださっている職場の皆様や家族に心から感謝したい。

二〇〇七年六月二十五日（那須資徳三〇〇回忌命日）

岡崎　寛徳

改易《かいえき》と御家再興《おいえさいこう》

著者略歴
岡崎　寛徳（おかざき・ひろのり）
1969年　岐阜県に生まれる。
1993年　中央大学文学部卒業。
2001年　中央大学大学院文学研究科博士後期課程修了。
現在、大倉精神文化研究所客員研究員、CIR 宗教情報センター研究員。博士（史学）。
主要著書
『近世武家社会の儀礼と交際』校倉書房、2006年。
『遠山金四郎家日記』岩田書院、2007年。

2007年 8 月25日発行

著　者　岡　崎　寛　徳
発行者　山　脇　洋　亮
印刷者　㈲にっぽり製版印刷
　　　　モリモト印刷㈱

発行所　東京都千代田区飯田橋 4-4-8　㈱同成社
　　　　東京中央ビル内
　　　　TEL　03-3239-1467　振替00140-0-20618

ISBN978-4-88621-403-4 C3321

同成社江戸時代史叢書

①江戸幕府の代官群像
村上　直著
四六判　二六六頁　二四一五円　（97・1）

江戸時代史研究の第一人者である著者が、特定の郡代・代官に視点を据え、江戸幕府の地方行政官たちが、殖産興業を含めた民政をどのように推し進めていったのかを明らかにしていく。

②江戸幕府の政治と人物
村上　直著
四六判　二六六頁　二四一五円　（97・4）

幕府の政治方針はどのようなしくみで決定され、そして直轄領や諸藩の庶民に浸透していったのか。本書は、江戸幕府の政治とそれを担った人々を将軍や幕閣と地方行政の面から考察する。

③将軍の鷹狩り
根崎光男著
四六判　二三四頁　二六二五円　（99・8）

江戸幕府の将軍がおこなった鷹狩りを検証し、政治的儀礼としての色彩を強めていった放鷹制度や、それを通じて築かれた社会関係の全体的輪郭と変遷を描き出した、いわば鷹狩りの社会史である。

④江戸の火事
黒木　喬著
四六判　二五〇頁　二六二五円　（99・12）

火事と喧嘩は江戸の華。世界にも類を見ないほどに多発した火災をとおして、江戸という都市の織りなす環境、武士の都としての特異な行政、そしてそこに生きる江戸市民の生活を浮き彫りにする。

⑤芭蕉と江戸の町
横浜文孝著
四六判　一九四頁　二三一〇円　（00・5）

延宝八年（一六八〇）秋、芭蕉は深川に居を移す。諸説と異なり、その事情を火災に見出す著者は、災害をとおしてみた江戸を描くことによって、芭蕉の深層世界に迫ろうと試みる。

⑥宿場と飯盛女
宇佐美ミサ子著
四六判　二三四頁　二六二五円　（00・8）

江戸時代、宿場で売娼の役割をになわされた飯盛女（めしもりおんな）たち。その生活と買売春の実態に迫り、彼女たちが宿駅制の維持にいかに利用されたのかを「女性の目線」からとらえる。

同成社江戸時代史叢書

⑦出羽天領の代官
本間勝喜著
四六判　二四二頁　二九四〇円　(00・9)

江戸幕府の直轄領として最遠の地にあった出羽天領。ここにも名代官、不良代官、さまざまな代官がいた。彼らの事績をたどり、幕府の民衆支配の実態に迫る。

⑧長崎貿易
太田勝也著
四六判　二九〇頁　三一五〇円　(00・12)

鎖国政策がしかれていた江戸時代において海外との窓口の役割をになった長崎の貿易の実態を探ることにより、江戸時代を商業政策や対外貿易政策の側面からとらえ直す。

⑨幕末農民生活誌
山本光正著
四六判　二五八頁　二九四〇円　(00・12)

江戸時代から明治時代にかけて書きつがれていった、大谷村（現千葉県君津市）のある農家の「日記」をとおし、幕末の農村に暮らす人びとの信仰、旅、教育などの生活風景を描き出す。

⑩大名の財政
長谷川正次著
四六判　二八〇頁　三一五〇円　(01・5)

参勤交代による出費など、大名の財政は藩の大小を問わず厳しいものであった。本書では、信濃国高遠藩の事例を取り上げ、いかに財政難に対処したのかを検証し、大名の経済事情を明らかにする。

⑪幕府の地域支配と代官
和泉清司著
四六判　二八二頁　三一五〇円　(01・10)

近年著しい進展をみせる代官研究の成果のうえに、幕府成立期から幕末までをとおして、全国に展開した幕領とそれを支配した代官を通覧し、近世における地方行政の全体像を構築する。

⑫天保改革と印旛沼普請
鏑木行廣著
四六判　二四二頁　二九四〇円　(01・11)

天保期の大事業、印旛沼堀割普請について書き残された日記を元に、普請に関わった役人や人夫、商売人などさまざまな階層の人びとの生活を描くことにより、当時の社会像を浮かび上がらせる。

同成社江戸時代史叢書

⑬江戸庶民の信仰と行楽
池上真由美著
四六判　二二四頁　二四一五円　（02・4）

江戸時代後期に起こった空前の旅ブームのなかで、江戸の庶民は、遠くは伊勢に、近くは大山や江の島に参詣の小旅行に出かけた。彼らはどんな意識で、どんなスタイルの旅を楽しんだのだろうか。

⑭大名の暮らしと食
江後迪子著
四六判　二四〇頁　二七三〇円　（02・11）

江戸時代、大名たちの食卓は想像以上に豊かなものだった。魚介類、野菜類、そして肉類、さまざまな食材に彩られた。薩摩藩・島津家にのこる諸史料から、彼らの暮らしぶりの諸相に迫る。

⑮八王子千人同心
吉岡孝著
四六判　二〇八頁　二四一五円　（02・12）

近世を通じて百姓と武士の中間にあった八王子千人同心たち。幕末期に新撰組発祥の母体となり、身分制社会克服のさきがけともなったかれらの一種特異なその実像を、史実にもとづき抉り出す。

⑯江戸の銭と庶民の暮らし
吉原健一郎著
四六判　二一〇頁　二三一〇円　（03・7）

全国共通の貨幣制度が施行された近世、庶民は現代と同じようにインフレ・デフレに悩み、生活は銭相場の動向に大きく翻弄された。近世を通じての銭相場の変動から庶民生活の実態を追究する。

⑰黒川能と興行
桜井昭男著
四六判　二四二頁　二七三〇円　（03・9）

出羽国黒川村に伝わり、現代まで約五百年にわたり受けつがれてきた黒川能の歴史をたどりながら、近世における興行のあり方を追究し、黒川の人々が芸能をいかに捉え向き合ってきたかを考察する。

⑱江戸の宿場町新宿
安宅峯子著
四六判　二〇〇頁　二四一五円　（04・4）

江戸の発展に合わせるように誕生し、流通の要所として成長をつづけた江戸四宿のひとつ宿場町新宿。本書では、その歴史を経済・環境・リサイクルなどの観点から解き明かす。

同成社江戸時代史叢書

⑲江戸の土地問題

片倉比佐子著

四六判　二三二頁　二四一五円　（04・8）

土地問題がつねに重要な政策課題であった江戸時代、大都市江戸の地主たちはどのように土地を入手・所有し、運営していったのか。彼らの生活ぶりにも触れながら、近世土地事情に迫る。

⑳商品流通と駄賃稼ぎ

増田廣實著

四六判　二一六頁　二三一〇円　（05・4）

陸上運輸の手段をもっぱら牛馬の荷駄によっていた江戸時代。その担い手として中心的な役割を果たした駄賃稼ぎたちに焦点をあて、本州中央内陸部の事例から近世における商品流通の実態を追う。

㉑鎖国と国境の成立

武田万里子著

四六判　一九二頁　二三一〇円　（05・8）

支配体制の確立と対外的独立保持を急務とする幕府は、鎖国を必須の政策として選択。それは、国境概念の成立というグローバルな世界への入口でもあった。新視角から捉え直す「鎖国」の実像。

㉒被差別部落の生活

斎藤洋一著

四六判　二七二頁　二九四〇円　（05・10）

信州佐久地方の被差別部落に生きた人びとの生活実態と社会的役割を探り、その地域性を明確にするとともに、差別の実像・虚像を明らかにし、近世部落史の全体像に迫る。

㉓生類憐みの世界

根崎光男著

四六判　二五〇頁　二六二五円　（06・4）

悪法のイメージをもって世に語られる「生類憐み令」は、世界史上にも稀な動物愛護の政策でもあった。法令の実相と歴史事象を冷徹に分析し、社会悪是正の一端であったこの政策の真意に迫る。